心理侧写师

"心理学与脑力思维"编写组 编著

中国纺织出版社有限公司

内 容 提 要

人生如戏，生活中，每个人都扮演着不同的角色，很多时候，为了自我保护和在竞争中有利于自己，人们不得不戴着面具与人交往，学习侧写师的读心与侧写技术，就能帮助我们轻松了解他人真实心理、意图，就能辨明人际关系，轻松"驾驭"人心。

本书列举了大量的实例，并从心理学的角度给予了深度的剖析，内容涉及社交、职场、婚恋关系等多方面，由表及里，层层深入，引导读者朋友们学会剥落他人的心理伪装，进而轻松掌握人际关系中的主动权，做人际博弈的大赢家。

图书在版编目（CIP）数据

心理侧写师／"心理学与脑力思维"编写组编著. -- 北京：中国纺织出版社有限公司，2024.6
ISBN 978-7-5229-1558-6

Ⅰ.①心… Ⅱ.①心… Ⅲ.①犯罪心理学—通俗读物 Ⅳ.①D917.2-49

中国国家版本馆CIP数据核字（2024）第055552号

责任编辑：柳华君　　责任校对：高　涵　　责任印制：储志伟

中国纺织出版社有限公司出版发行
地址：北京市朝阳区百子湾东里A407号楼　邮政编码：100124
销售电话：010—67004377　传真：010—87155801
http://www.c-textilep.com
中国纺织出版社天猫旗舰店
官方微博 http://weibo.com/2119887771
天津千鹤文化传播有限公司印刷　各地新华书店经销
2024年6月第1版第1次印刷
开本：880×1230　1/32　印张：6.75
字数：110千字　定价：49.80元

凡购本书，如有缺页、倒页、脱页，由本社图书营销中心调换

前言

在我们的生活中，相信不少人都听到过"犯罪心理学"这一名词，然而，对"犯罪侧写"和"犯罪侧写师"并不熟悉。事实上，对于很多案件真相的揭开，侧写师都起到了关键作用，因为侧写师可以根据一个人的行为方式，推断出这个人的心理状态，分析出其性格、生活环境、职业、成长背景等，最终锁定目标人。

无论案件多么复杂，这些侧写师们总能剥茧抽丝，找出真相，让犯罪分子无所遁形。其实，这些侧写师们都是高明的犯罪心理分析师，人们的微表情、微动作等都能成为他们洞察人心的关键信号。犯罪侧写师告诉我们，学会侧写，能让你用极短时间了解一个人，看懂他的内心！

事实上，不仅侧写师们需要掌握洞察人心的技术，我们在社交生活中也是如此。在日常的工作和生活中，我们要和各种各样的人打交道，但并不是每个人都会以真面目示人，当然，人们隐藏自己的内心，原因各种各样，或是出于善意的自我保护，或是为了征服他人。对于你每天面对的那些人，你真的了解吗？他们是表里如一，还是信口雌黄？对于自己身边的人，你又了解多少？

我们都知道，不管你是有出众的能力、渊博的知识，还是有过人的手腕，如果你读不懂对方的心理，也很难保持良好的人际关系。

其实，正确认识和判断一个人并不难，只要我们能学会细心观察他的表情、说话的语气和他的举止，就能够知道他内心的真实想法。这也是一种侧写术，因为在一些微动作背后，都隐藏了一定的秘密，例如，对方的服饰打扮乃至一个细小的装饰品，都透露了他的性格、品位；当然，他人的一些生活习惯，如吃相醉态、消费方式、口头禅、看电视的习惯等也是他们的性格和行为状态的外显……除此之外，在具体的环境下，我们最好要学会实施一些心理小计策，无论是职场、社交场合还是恋爱中，掌握他人的心理动态，然后对症下药，都能让我们说对的话、做对的事，然后达到我们想要的结果。

可以说，本书就是一本实用的心理学教程，翻开这本书，你会发现，侧写术与我们心理学上的读心术有着异曲同工之妙，教你将犯罪心理分析术应用到日常生活中，通过蛛丝马迹洞悉他人内心，提升你的社会交往和人际沟通能力，从而用一种正确的方式来应对周围形形色色的人，助你到达成功的彼岸，赢得幸福的人生！

编著者

2023年12月

目录

第1章

了解侧写术：源于犯罪心理学的专业说服控制术 ‖ 001

观察微行为，让他人的谎言不攻自破 ‖ 002

结合多种要素，解读他人身体语言 ‖ 004

借助微动作，拉近彼此间心理距离 ‖ 008

微反应是侧写最重要的信息载体 ‖ 012

控制微反应时如何防止被洞穿 ‖ 015

第2章

侧写的关键：秘密操控，成功侵入对方的思维 ‖ 021

运用侧写术，让对方"自我坦白" ‖ 022

否定，正中对方下怀 ‖ 024

侧写小细节，潜移默化影响人心 ‖ 027

假意出错，套取真实答案 ‖ 030

对待固执的人，运用侧写术渗透其心 ‖ 034

第3章
侧写的目标：挖掘隐藏真相，侦破对手的真实想法 ‖ 037

从对方的眼球来判断其言语的真伪 ‖ 038

从对方的反应速度判断其真伪 ‖ 042

从回答重复问题看对方是否撒谎 ‖ 044

利用刺激性问题试探对方的反应 ‖ 046

"敲边鼓"的侧写技巧，能洞察对方的真心 ‖ 050

提问细节，让对方暴露自己 ‖ 053

太过巧合的事，要仔细甄别 ‖ 057

第4章
眼为心门：从眼睛透视对方的真实心理 ‖ 061

了解眼睛所能透露出来的信息 ‖ 062

瞳孔展现出他人的真实心理 ‖ 065

看眼识人，从双眼获悉他人性格的秘密 ‖ 070

从眼神的变化解读他人内心世界的变化 ‖ 073

观察对方的视线变化，了解其心理 ‖ 077

第5章
言表心声：言谈话语间的微动作心理分析 ‖ 083

口头禅是一个人个性的体现 ‖ 084

目录

　　从打招呼的方式看透人性　‖ 088

　　从音色听出他人的心理密码　‖ 092

　　对方的弦外之音你能听出来吗　‖ 096

　　从语气中体会他人心情的变化　‖ 099

第6章
识破谎言，了解撒谎时的微动作　‖ 103

　　撒谎者的微反应特征　‖ 104

　　摸鼻子是撒谎者的典型微动作　‖ 107

　　笑容越复杂，越是有猫腻　‖ 109

　　人在撒谎时会做什么　‖ 112

　　撒谎者的笑容有何不同　‖ 115

第7章
巧"手"能言：了解小小手部动作隐藏的秘密　‖ 121

　　小小手势中暗藏的心理密码　‖ 122

　　交谈时用手指抚摸颈部是撒谎的表现　‖ 126

　　为什么有些人喜欢用手指拨弄头发　‖ 129

　　十指交叉有什么心理含义　‖ 132

第8章

身随心动：肢体也有自己的语言 ‖ 137

通过步态分析他人的内心变化 ‖ 138

一个人的坐姿能彰显其内心 ‖ 142

通过睡姿，探究他人心理 ‖ 146

从他人"吃相"了解其真性情 ‖ 150

看电视时的习惯和特点彰显个人性格特征 ‖ 153

酒后吐真言，从"醉态"能看出他人真品性 ‖ 157

第9章

腿脚秘密：坐立行走间透露的心理动向 ‖ 161

一个人的站姿所暗含的心理信息 ‖ 162

为什么有些人会不自觉地抖腿 ‖ 166

站立时用脚尖拍打地面是完美主义者的表现 ‖ 169

脚部动作比其他肢体语言更真实 ‖ 172

从脚部动作把握一个人的心理变化 ‖ 176

坐姿中的双腿交叉暗含了什么含义 ‖ 178

第10章

细心观察，解读日常生活中的小动作 ‖ 181

飙车族为什么那么喜欢追求速度 ‖ 182

如何戒除手机依赖症 ‖183

一边打电话一边信手涂鸦是一种代偿行为 ‖187

为什么一些人看到别人排队也想加入 ‖191

喜欢将小票或发票揉成团是什么心理 ‖194

钟爱照镜子，是自恋的表现 ‖197

从座位的挑选读出一个人内心的想法 ‖201

参考文献 ‖206

第1章

了解侧写术：源于犯罪心理学的专业说服控制术

在案件调查过程中，有一种常用的调查手段——犯罪侧写，它在分析犯罪以及犯罪手法的基础上识别罪犯，随之出现的是一种职业的诞生——犯罪侧写师。犯罪侧写师的突破口有很多，而任何一个突破口都是一种心理状态的外显。事实上，我们也可以将侧写术运用到人际交往中，这样，无论是职场、社交场合还是恋爱中，掌握他人的心理动态，然后对症下药，都能让我们说对的话、做对的事，达到我们想要的结果。

心理侧写师

观察微行为，让他人的谎言不攻自破

在美剧《别对我撒谎》中，主人公卡尔用令人意想不到的方法轻松破案，在一个小故事中，没有逼供，没有物证，只是和爆炸案嫌疑人聊了一会儿，捕捉到了对方耸肩、吸鼻子等几个转瞬即逝的表情、动作，便以此作为线索找出了爆炸物的安置点，这样的识别无疑让人目瞪口呆。

或许，有人会疑惑：他凭借什么线索破案呢？其实，这里，卡尔就运用了犯罪心理学中的侧写法。犯罪心理学认为，即便表情是可以伪装的，但转瞬即逝的微表情是异常真实的。善于识别人心的人，他们往往是利用脸部细微表情动作，分析观察者的肢体语言和微表情，按照这些判断对方言语背后的真正意思，然后判断对方是否在撒谎。

人们表现最显著、最难掩的部分，不是语言，而是下意识的行为。人人都会说谎，但世界上没有不能被看穿的谎言。因为人在说谎的时候，出于心理因素异常，他们常常会辅之以动作。通过这些动作，我们往往可以阅读说谎者的心理状况。那么，具体来说，人在说谎时都会有哪些微动作呢？

1. 摸鼻子

摸鼻子的姿势是护嘴姿势中比较世故、隐匿的一种变化方式。它可能是轻轻地来回摩擦鼻子，也可能是很快地触碰。女性在做这种动作时，会非常轻柔、谨慎，因为怕脸上的妆被弄糟了。曾有心理学家称：当不好的想法进入大脑之后，人会下意识指示手遮着嘴，但到了最后关头，又怕表现得太明显，就变成了很快在鼻子上摸一下。摸鼻子和遮嘴一样，在说话人使用时表示欺骗，在听者看来则表示对说话者的怀疑。

2. 掩嘴

当人们用手遮嘴，拇指压着面颊，那么，他的潜意识是大脑指示手做这样的姿势以压制谎言从口而出。有时只是几根手指，有时整个拳头遮住嘴巴，但意思都一样。遮掩嘴巴，是其想隐藏内心活动的特有姿势。

3. 拉衣领

心理学家称，当人们说谎时，在面部和颈部之间的组织会产生一定的刺痛感，因此，他们可能会无意识地拉一拉衣领，以减少这种感觉。

4. 搓耳朵

有些人在说谎时，会不停地用手拉耳垂或将整个耳朵朝前弯曲在耳孔上。

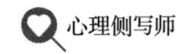

5. 揉眼睛

一般来说,男女说谎时揉眼睛的动作不同。男人在说谎时,常常转移视线,如用眼睛看着地板;而女人在说谎时,一般都是在眼睛的下方轻轻地揉。

心理学家认为,我们不仅可以从一个人的面部表情识别其话语的真实性,更可以通过其肢体动作看出其话语的真实性。因为说谎是一种复杂的行为,要做到让人相信,需要动员全身的器官共同"演戏"。一般来说,无论一个人的说谎技术如何高明,为了掩盖谎言,他都会在无意中做出一些小动作,因此,善于观察的人,光看一个人的动作就可以断定对方是否说谎。

总之,聪明的人不会只听交往对象的语言,还会观其微动作,因为言语可以用假装来掩盖,而微动作的真实性却高得多。

结合多种要素,解读他人身体语言

从对犯罪侧写的介绍中,我们可以发现,一个人的性格、人品乃至细微的情绪变化都会有某种外在表现,一个人的内心世界也不可能没有外泄的部分,一个人在坐立行走时表现出来的身体语言就是很好的表露，只要我们善于发现，然后加以分析，即使"伪装"得再好的人，我们也能发现破绽。

然而，人的身体部位在不同环境、情景以及受到不同的生理作用的影响时，它们所传达的心理信息是不同的，只有综合考虑各方面的因素，才能帮助我们正确地做出心理分析。可能你经常听到身边的人这样说：

"他今天居然连胡子都没刮，一定是跟女朋友吵架了。"

"开会时老板一直看着我，对我点头微笑，一定是觉得我表现很好。"

"他说话一直在搓手，肯定有强迫症。"

……

有些人喜欢通过行为揣测他人的心理和情绪，而实际上，这些揣测并不一定正确。原因很简单，他们对他人的身体语言的分析并不到位，比如说"胡子没刮"，原因有很多种，可能是时间不够，可能是其他生活问题，把原因归结于"跟女朋友吵架"未免太过武断；"开会的时候老板的笑容"可能是针对所有人的；喜欢"搓手"，有可能是因为紧张，并不完全是强迫症导致的……

很明显，如果要正确解读他人的身体语言，我们必须要综合考虑，掌握一些解读的规则，这些规则有：

1. 理解要连贯

一些人经常会犯一个致命的错误，那就是将研究对象的某个动作和表情分离开，忽视了其他相联系的表情、动作，然后孤立、片面地解读他人的肢体语言。

比如，在与人说话时，他们看到对方挠头，就以为对方是尴尬，其实，挠头的原因有很多，如头皮发痒、不确定、健忘或者撒谎等，所以，其具体含义应当取决于同时发生的其他表情和动作。

其实，和句子一样，我们说的每句话是可以分解的，可以将其分解为词组、标点等，每一个表情或动作就好比一个单词，而每一个单词的含义都不是唯一的。

因此，只有当你把一个词语放到句子里，配合其他词语一起理解时，你才能彻底弄清楚这个词语的具体含义。以"句子"的形式出现的动作或表情被称为肢体语言群。就好比我们如果想说一句话，至少需要用三个词语来组织才能清楚地表达说话的目的。可以这么说，如果一个人能够读懂无声的肢体语言长句，并且准确地将他们用有声的话语表达出来，那么，他的"感知力"一定很强，或者说他的"直觉"一定很准确。

所以，如果你想获取准确的信息，就应该连贯地观察他人的肢体语言。

当我们感到无聊或是有压力的时候，我们常常会不断地重复做一个或者多个动作，不停地摸头发或玩头发就是这种情况下最常见的一种表达方式。假如不考虑其他动作或表情，同样的动作却很有可能表示这个人心中很焦虑，或是不确定。

2. 寻找一致性

研究表明，通过无声语言传递信息所产生的影响力是有声语言的五倍；而且当两个不同的人进行面对面交流的时候，尤其当这两个人都是女人的时候，她们几乎会全部通过无声语言进行交流，而无视有声语言所传递的信息。

西格蒙德·弗洛伊德曾经遇到过一个案例。案例中，病人告诉他，她的婚姻生活十分幸福。在谈话中，这个病人不断地将她的结婚戒指取下，然后又戴上。弗洛伊德注意到了她这一无意识的小动作，他很清楚这意味着什么。所以，当传来她婚姻出现问题的消息时，弗洛伊德丝毫不感到惊讶，因为一切都在他的意料之中。

观察肢体语言群组，注意肢体语言与有声语言的一致性就好比两把金钥匙，能够帮助我们打开肢体语言的宝库，从而正确地解读无声语言背后的真正含义。

3. 理解要结合语境

对所有动作和表情的理解都应该在其发生的大环境下来

完成。

举个很简单的例子，冬天寒风瑟瑟，你看到公交站有一个人，他双手抱在胸前，那么，他这样做并不是为了保护自己，而是为了取暖。遇到同样的情况，如果放到谈判桌上，那么，对方的意图就是自我保护，你应该明白，他其实是想借此告诉你，他对你的话持否定态度或者他对你抱有敌意。

身体就像一个无法关闭的传送器，时刻传送着人们的心情和状态。有声语言通常用来表达正在思考的东西或概念，而无声语言信息则较能传递情绪和感受。因此，在解读时，必须要综合多方面因素考虑。

借助微动作，拉近彼此间心理距离

我们已经分析过侧写师是如何借助人的微行为来对罪犯进行分析的，而这一点，不仅可以运用到警察破案，也可以运用到我们的社交生活中。通常来说，我们会以为交际的技巧在于口头语言，而实际上，这只是人们的主观感受。人们使用最频繁的是非语言的交谈方式，也就是人们常说的"肢体语言"，它通常是在说话之前就已经表达出了我们的感觉和态度，反映了我们对他人的接受度。有数据显示，一个人要向外界传达完整的信息，单纯的语言成分只占7%，声调占38%，另外55%的信息都需要由非语言来传达。而且，因为肢体动作通常是一个人下意识的举动，所以它很少具有欺骗性。

既然微动作在人际交往中起着如此重要的作用，那么在交谈的时候，一定要注意对肢体动作的利用。尤其是与陌生人交往的时候，善用微动作，更能有效地拉近彼此间的距离。

我们可以尝试使用这些肢体动作：

1. 接触

握手，这不仅是一种礼节，更能展现你的热情与友好。

例如，参加聚会时应先与主人握手，再与房间里其他人握手。男士与女士握手时需待女士先伸出手，而不能主动与女士握，握时轻握女士的手指部分，不要握手掌部分。不要随便主动伸手与长者、尊者、领导握手，应等他们先伸手后才能握。对方可能未注意到你已伸手欲与之相握，因而未伸手，此时应微笑地收回自己的手，无须太在意。

2. 展开你的笑颜

人们对于那些总是报以微笑的人似乎总是多一份好感。微笑是一种易于被接受的非语言信号，给人以友好、热情的印象。

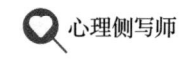

当你对他人微笑时，传递的是友好、渴望沟通的信息，对于对方来说，也自然能感受到你的暗示，那么，他们通常都会同样以微笑来回答你。

很多心理学家也指出，微笑是与人交流的最好方式，也是个人礼仪的最佳体现。我们可以从日常观察中发现，没有谁喜欢看到与其交往的对象愁眉苦脸的样子。因此，你若希望给对方留下一个好印象，就一定要学会露出受人欢迎的微笑才行。

当然，你应该注意的是，微笑并不是简单的脸部表情，它应该体现整个人的精神面貌。因此，我们可以在平时多对周围的人发自内心地微笑。这样，就能避免在与他人沟通时僵硬地笑了。

当你闲来无事时，可以尝试以下这种训练微笑的方法：先坐在镜子前，整理一下自己的衣服，闭上眼睛，调整呼吸使之匀速。然后开始深呼吸，让你的心静下来，接下来，睁开眼睛，你看到镜子里的自己清爽了很多，既然如此，那么，笑一笑吧：让你的嘴角微微翘起，舒展你的面部肌肉。如此反复，训练时间长度随意。这是一种最常见并有效的训练方法。

3. 张开你的双臂

这是一个热情的动作。可以想象，当你遇到某人的时候，如果他交叉双臂站着或坐着，说明他很冷漠，一点也不高兴。因此，当你交叉双臂站着或坐着时，你给他人的感觉是：你不愿意交谈，你有防备心，你将自己封闭了起来。手捂着嘴（或手捂着嘴笑）或支着下巴的动作表明你正在思考。反过来，你也可以想象一下，如果是你，可能也不会打扰一个正在深思的人吧。另外，如果你双臂交叉，那么，你自身也会显得局促不安，导致他人也不愿意靠近你，因为在与你交谈的时候，他们也会感到不自在。

所以，如果你想向对方表达出你的热情，就张开你的双臂吧，即便看起来有点夸张，也比交叉抱着双臂要好得多。

4. 身体微向前倾

当你和对方谈话的时候，身体微微前倾，这表明你对他的话题感兴趣。而这对于对方来说，这显然是一种尊重，他自然很愿意同你交谈下去。

在人与人的沟通中，有时候真正展现热情与真诚的并不是语言，也就是说，也许最重要的交谈技巧并不是语言，而是我们的身体。掌握一些基本的微动作，就掌握了一种与人初次交谈的本领，保证能让你抓住对方的注意力。

心理侧写师

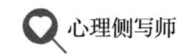

微反应是侧写最重要的信息载体

我们都知道,警察往往是运用心理学的高手。比如,他们在抓捕罪犯的时候,假如罪犯混在人群中,实在难以辨别,这时警察会大声叫这个罪犯的名字。结果,人群中一定会有人应一声或者回头,而这个人基本上就是罪犯。心理学家分析,这时罪犯处于高度紧张的状态,忽然听到有人叫自己的名字,总会下意识地做出第一反应。

这就是微反应,其实,一个人的眨眼、回头、写下自己的真实姓名都属于微反应,这主要指的是人在受到有效刺激的一刹那,表现出的不受思维控制的真实反应,一方面包括眨眼、扬眉、皱鼻子等细微的面部表情;另一方面还包括耸肩、回头、颤抖等身体的细微动作。

有一次,几位警察在机场巡查,他们的目标是找出一个潜逃中的犯罪嫌疑人。他们知道,这个人很有可能已经易容变装,想要抓到他并不是那么容易,因此他们提高警惕,四处寻找,不错过蛛丝马迹。

但是找了将近半小时,警察们依旧一无所获。这时候从机场外面进来一个人,看起来和其他人并没有什么区别,朝登机口走去。这时一个机场的安保人员从他身边经过,不小心撞了他一下,那个安保人员马上向他道歉,他仅仅是点点头，并没有说话。

而这一切都被警察们看在眼里，警察们注意到，在安保人员和他身体接触的那一刹那，他的脚马上摆出了一前一后的姿势，类似于运动员在起跑线上所采用的起跑动作，这是最典型的逃离反应。警察们马上前去"请"他谈一谈，果然，这个人正是警察们要找的那个犯罪嫌疑人。

警察们之所以判断那个人有问题，是因为对于一个普通人而言，机场安保并不能对他构成威胁，因此不会因为安保人员碰他一下就产生逃离反应，而这个人却表现出了明显的逃离反应，只能证明他心里有鬼。

可以说，微反应是一瞬间的真实反应。比如，我们都有很深的体会，小时候玩过这样的游戏：两个人面对面站着，一个人忽然伸出一个拳头作势要打对方的眼睛，这时，虽然两人的关系很好，但对方的眼睛还是会快速地眨一下，头微微后仰做出逃避的动作。不管我们与多少人玩这个游戏，不管与多么熟悉的人玩这个游戏，被打的一方总是会条件反射般地眨眼和仰头。这与两人之间的信任毫无关系，而是由于身体本能的反应。

有时候，当我们收到一位老朋友寄来的一封信，假如信封上有勾抹的痕迹，那我们就会从信封的落款上一眼看出写信人用的是假名字。因为在日常生活中，很少会有人写错自

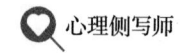

己的名字。

那么，什么是微反应？心理学家认为最核心的特征和判断标准必然是第一反应，它指的是人在接受外界刺激之后下意识的反应，是没有经过任何思考的，带着原始的动物性和人类本能。心理学家表示，第一反应可以反应一个人的真实想法，这个观点也被大多数人认可。

比如，许多媒体总喜欢探究人的第一反应，一条"诺贝尔奖委员会成员、文学奖宣布者对记者说，当他电话告知莫言获得诺贝尔奖的消息时，莫言的反应是：He was over joyed and scared.（他狂喜并惶恐。）"的新闻比莫言获奖后的公开演讲更能吸引读者，因为大家都想知道他获奖后的真实反应。

微反应是转瞬即逝的，如闪电般，当理性的光芒作用于人的大脑时，第一反应的"露"会被快速压制，第一反应就好像我们看到的闪电一样，只有短短一瞬间，难以将其捕捉。比如，当人们发现自己撒谎成功之后，会情不自禁地做出嘴角上翘的动作，不过这个动作会持续不到五分之一秒，几乎是看不见的，难以察觉的。心理学家认为，真正吃惊的动作只能持续一秒，超过这个时间的动作都是假装的、有目的的。

微反应是符合人性的，不过并不一定合乎理性和道德。

基本上所有的微反应都源于人类内心深处自我保护等自私的愿望，它可以反应当事人瞬间的情绪，这个情绪有可能是正面的，也有可能是负面的。比如，战场上的士兵，当他们听到敌军枪声那一刻，第一反应就是逃跑，不过这种反应是很短的，而且会被内心随之而来的道德和理性否定，所以并不会影响整个事件的结果，同时也不妨碍这个士兵的道德水平。

人虽然只是人，但人类这个种群相比其他动物而言，却有一些特殊的地方。尽管人跑得不快、跳得不高、飞不起来，也没办法潜入大海，但我们的头脑比其他动物都发达，所以我们会学习、会创新、会使用高科技工具。当然，由于人类的头脑灵活，所以人类说谎和欺骗的方式也越来越高明。

但是，心理学家需要说明的是，当人类受到危及生存和繁衍的威胁时，还是会退回到动物的水平。这时候，人的动物性反应将会取代人的理性"做作"而赢得控制权，通过各种微小的反应，将内心的情绪和想法展露无遗。

控制微反应时如何防止被洞穿

心理学家列出一些人类的经典反应，比如，当被中意的人接受的那一瞬间，心头小鹿乱撞，而一旦遭遇爱情的欺骗和背叛，又会让你握紧拳头；面对不屑之人，会微微扬起下巴；当诚心诚意接受批评和教诲时，则会不由自主地低下头；突然看见好久不曾见面的好朋友，嘴巴和眼睛同时张大，然后欢呼雀跃；假如在晚上看见闪过的黑影，嘴巴张大，惊声尖叫，拔腿狂奔；被老板抓住偷懒的行为，手足无措；侥幸逃过的话，则会吐吐舌头、拍拍胸口等，简直是不胜枚举。不过，这些反应对于每个人而言，曾经出现过多少次呢？上面这些反应全部都是你自己想要做的吗？事实上，这些行为并不是我们想做的，而是在无意识中做出来的。

孩子从出生的那天开始，就会张开嘴吸吮，在母亲的乳房上寻找甘甜的乳汁。当孩子在不到两岁的时候，假如被别的小朋友抢走了玩具，就会快速跺着双脚，高声喊："给我！"随着对知识的接受和储备，我们慢慢地学会了理解、分析和评价。随着对社会生活的学习，我们掌握了越来越多的高级本领，如遵守规定、举止得体，不过，不管怎么样，许多反应还是固化在我们的身体中，有些是本能反应，有些是习惯反应。

那么，如何控制微反应呢？

1. 真实的反应是因刺激源引起的

心理学家认为，当一个人遇到恐惧的事情，就会出现这样一些反应：屏住呼吸，心跳加速，冷汗也会不自觉地冒出来，脸色发白，假如刺激源足够强烈的话，还会令人有想吐的感觉；脸上肌肉会不由自主地颤动，尽可能地想远离引起内心恐惧的事物。假如不能动，至少也会将身体向后仰或者转向另外一个方向，或者抱起身边的东西或坐垫，挡住那引起恐惧的事物，这样会让自己主观上觉得是安全的。

当我们遇到开心的事情，就会出现这样一些反应：呼吸变得自由而有力，心跳加速，毫无意识地眉开眼笑，假如开心的程度很大，还会将双手高高举起，挺直身体，或许还会跳起来欢呼，顿时感到浑身舒畅。如果条件允许的话，我们还会飞快地冲过去拥抱自己喜欢的东西或人。

2. 想要控制反而会露出破绽

这些因刺激源导致的行为是很有意思的，或许我们会问：一定会这样吗？所有人都会这样吗？假如故意控制，这些行为是不是不会出现？其实，你如果简单地试一试，就会发现，假如故意去做的话，这些行为是可以控制的，不过同时也会感觉到吃力，控制真实的反应是一个复杂而痛苦的过程。

假如你一定要控制这些真实的行为，那首先要做到不感觉意外，似乎预先就知道会出现某种刺激，然后决定要控制住自己；其次是感觉不在意，不论刺激源怎么样，都需要接受这样的刺激，快速分析这种刺激的性质和力度；再次是做

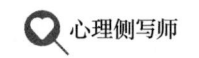

到不反应，通过感知和思考，把自己可以找到的可能的身体反应制止住；最后是再反复检查一遍，自己是不是有没控制的地方，从而补充完善。

假如你觉得自己已经能完全控制了，那恭喜你。不过，你需要知道的是：身边的人从你僵硬的身体和呆板的表情来判断，会觉得你不太正常，觉得你应该是隐藏了某些不让别人知道的事情。他们会产生疑问：遇到这样高兴或恐惧的事情，你怎么一点都没反应呢？没有反应就是最大的破绽，而破绽的存在就是洞察你内心的钥匙。

3. 尽量学会控制自己的身体

尽管我们不能完全避免破绽百出，不过我们依旧可以努力。一方面是尽可能学会控制自己的身体，减少不必要的破绽；另一方面是尽量多地了解这些破绽，减少被他人欺骗的情形发生。

尽量控制自己的身体，包含着两层含义，一是肌肉的运动控制能力，让运动可以保持精准而熟练。从这个角度来看，那些舞蹈演员，特别是古典舞蹈演员，以及运动员，如武术、体操等讲求精致的运动项目的运动员，都具备较好的肢体控制能力。能做到真正控制自己身体的人，还是很少的，如经历丰富、积淀深厚、演技精湛的演员。又如俄国戏剧大师斯坦尼斯拉夫斯基的"斯氏体系"，主张角色体验，忘却自我，使演员与角色合一。

　　心理学家认为，即使你已经成为隐藏自我的高手，也逃不出动物求生的本能规则。只要存在有效刺激源，就可以攻击你的破绽。因此，假如我们可以准确地发现他人的破绽，那就可以顺势了解其内心的真实想法。

第2章

侧写的关键：秘密操控，成功侵入对方的思维

在犯罪心理学中，侧写的关键点在于侵入对方的思维，这一方法同样可以运用到人际交往中。能否成功操控他人的意识，直接关系到我们能否达到自己的目的，这一点却未必人人都能做到。世界著名心理学家阿德勒曾指出，紧紧抓住对方内心，靠的不是渊博的知识，而是准确地掌握对方的心理。因此，能否看透对方的内心，并成功影响到对方的内心世界，是侧写术的精髓之一，也只有做到这一点，我们才能了解对方心理，故而达成我们的交际目的。

运用侧写术，让对方"自我坦白"

前面我们已经提及，读心是警察运用侧写术破案的前提，也是侧写术的精髓，同样，我们要想让对方接受我们的想法和意见，从而影响他人，就必须先探清对方的内心想法。但事实上，人们出于自我保护的目的，内心世界往往是隐蔽的，甚至会戴着面具与我们交往，我们要想探求对方的真心从而攻破对方的心理堡垒，可以使用一点侧写的技巧。

生活中，这样的情况很多，比如，当你以正面的、积极的方式去探究一个人的内心世界时，对方会隐藏得很深，甚至还会导致对方提高警惕性，而如果我们能运用一点侧写术，让对方在不经意间表露出自己的情绪，那么，我们就很容易达到目的。

那么，我们在运用侧写术的技巧时，该注意哪些方面呢？

1. 尽量隐藏好自己的目的和动机，保持客观公正的态度

一般来说，如果你想要探知他人内心世界，从而攻破对方心理堡垒，无论使用什么方法，一定不要让他知道你的

企图，要保持公正客观的态度。如果对方发现你心怀私念，或有所偏袒，你的劝说就很难起作用。一般来说，你探知对方的企图越明显，他越会觉得你"图谋不轨"，想刻意影响他；相反，如果你无意中说一句话，假装不在意地提问，他反而会没有心理抵抗，他也不会认真地琢磨你说的话，因为他觉得你没有操纵他的意图，如果他的想法被你猜中，那么，他就会"中招"，将自己的真实意图脱口而出。

2. 细心观察，了解对方

我们与人交涉，必须具备一定的观察能力，这也是探知对方真心的前提，否则，如果不注意观察，我们输给了别人时还蒙在鼓里。一般来说，具备敏锐的洞察能力的人，他的办事效率是相当高的，善于观察者，能通过对方的穿着、神情等方面判断出谈判对象的心理和谈话的动机是什么。

3. 懂得忍耐

很多时候，我们与交际对手的较量，就是心理的较量，谁先缴械投降，谁就输了。

总之，如果我们注意以上三点，并将侧写术运用巧妙的话，我们便能轻轻松松地与他人交流！

否定，正中对方下怀

现实生活中，我们经常看到这样一些聪明的销售人员，他们似乎总是知道客户要的是什么。我们先来看一个故事：

业务员小李是一名企业培训课程推销员，一直以来，他的业绩都是出奇的好，这是因为他很机灵，总是能把话说到客户心坎上。

这天，他又来到一家公司推销。

小李："董事长啊，您是不是正为了职员缺乏干劲而困扰呢？"

董事长："就是啊，最近无论是职员还是管理干部都很懈怠，害我没办法处理其他工作呢。"

小李（点头）："果然是这样没错。刚好我手边有一项研习活动，可以提高管理干部的干劲，您要不要听听看呢？"

董事长："是吗？这倒很有意思。"

接下来，不到三分钟的工夫，小李成功推销了这项活动。

可能你会猜想，万一小李没猜中呢？其实，没猜中的话，他也有一套自己的应对策略：

第2章
侧写的关键：秘密操控，成功侵入对方的思维

小李："刘总，您现在最困扰的是不是员工缺乏积极性的问题呢？"

刘总："我现在真是顾不上他们的积极性问题了，现在的问题是人都不够。"

小李（点头）："原来真的是这样啊，看来我没将我的想法表达清楚。贵公司的员工其实一直都是比较努力的，但如果人手不够，他们花在工作上的时间和精力太多，时间长了，大家也会泄气的。现在，我们公司正好有个人才招聘项目是针对您这种情况的，让我为您简单说明一下吧。"

以上案例中，业务员小李使用的就是侧写师们常用的侧写术——否定，命中对方心思。使用这一技巧有个重点，那就是使用"否定疑问句"，使用这一技巧的好处在于无论对方说什么，你都可以抓住对方说话的契机，顺着他的意思往下说。就如案例中的小李一样，先发问，然后等客户来回答，如果猜中了，对话就可以继续下去，即使没猜中，也可以立即转变说话的势头，继续交谈。

其实，这一侧写术不仅可以运用到销售活动，还可以应用到平常与各类人的交往活动中，它的好处在于帮助我们了解他人的内心世界，进而进入他人的潜意识，最终实现我们的交际目的。

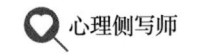

当然，要让这侧写术百试百灵，我们还得掌握几点小技巧：

1. 事先了解，不打无准备的仗

诚然，这一侧写术能帮助我们巧妙应对"没说中"的情况，但实际上，多数情况下，人们还是愿意被人"说中"，你一语中的，对方更愿意信任你。另外，事先多了解情况，也能帮助我们顺利做好接下来的沟通工作。拿销售工作来说，我们并不是让客户看了我们的方案就能将产品或者服务卖出去，我们还需要解决更多的问题，让客户从头到尾都满意，销售工作才能有效果。

2. 反应敏捷，以最快的速度回答对方

你回答的速度越是敏捷，越能显示出你对其真的了解，越能迅速把自己带到对方希望呈现的语言环境中。

3. 多备几套方案

以故事中的情况为例，如果我们没猜中客户的苦恼，那么，你就要提前思考会出现另外一种什么情况，然后，针对这种情况，你需要提供新的方案，如果客户存在的问题你并不能解决，那么，你们的沟通就是无效的。这一点，还是要回归到第一点，对客户乃至我们的交往对象多做了解，才能解决好这个问题。

4.从细小处预知自己是否猜中

很简单,你在提出某个问题后,可在暗中观察对方的反应,如果他面部表情出现欣喜、瞳孔放大等这些细小的变化,那么,就说明你说中了;而如果对方眼神余光瞥向别处或者流露出一丝不屑,那么,就说明你说错了,接下来,你就应该考虑该如何把控全局了。

总之,运用好"否定"这一侧写术操控他人的内心世界也并非易事,还需要我们考虑、观察各方面的因素,方能减少失误,达成目的。

侧写小细节,潜移默化影响人心

现今社会,社交能力已经成为衡量人才的重要标准,无论哪行哪业,社交的重要性已日趋凸显。一个成功人士必当也是一个社会活动家,他们在与人交际的时候懂得察言观色,懂得侧写术,他们往往拥有影响身边人的本领,而他们之所以能做到这一点,是因为他们掌握了侧写术的精髓——从细节入手。

现代社会,与人交际,我们要细心观察,才能找出交际的突破口,进而潜移默化影响他人,最终达到我们的交际目

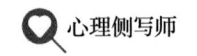

的。我们来看看曾国藩是怎么通过变动一些小细节为自己免除罪责的：

据传，在晚清时期，曾国藩率领湘军与太平军作战，连连失败，伤亡惨重。而按规定历次战役情况必须据实奏报皇帝。当曾国藩在奏折上写下"臣屡战屡败，请求处分"等字样时，又为必将受到皇帝加罪而焦虑。此时身边一个幕友看了奏章，沉吟片刻说："有办法了。"只见他提起笔来，将"屡战屡败"改为"屡败屡战"。曾国藩连连称妙，拍案叫绝。照此呈报上去，皇帝看了奏折，果然认为曾国藩忠心可勉，很是赞扬了一番。

在这则故事中，曾国藩让皇帝看见的是"屡败屡战"，这句话的意思是即使失败，也百折不挠，坚持抗战，虽然皇帝明白最终的结果是失败了，但会认为曾国藩勇气可嘉，自然也就不会怪罪下来，甚至还给予赞扬。假如皇帝看见的是"屡战屡败"几字，肯定要认为曾国藩统军作战无能，自然要加罪。

其实，这位幕友就是运用了侧写术，从细节处入手，从而产生了一些积极的心理效应，也得到了想要的结果。

那么，具体来说，我们该如何做到侧写小细节呢？

第2章
侧写的关键：秘密操控，成功侵入对方的思维

1. 会"听"

在这个人才竞争的时代，我们只有提高自己听的能力，听出对方的言外之意和话外之音，才能"以牙还牙"，让自己处于有利的地位，并如愿以偿地踏上自己的成功之路。这一点，可以从中国历代外交辞令中得到证明，精明的外交家除了能言善辩外，更重要的是会"听"。

2. 会"看"

看出其内心真正的想法，比如，对方的口头禅是"真的"，那么这个人是真老实还是假实在？对方平时是一个沉默寡言的人，一下子变得健谈，这里面究竟有什么猫腻？咬嘴唇、摸下巴，这些小动作又代表着什么？对一个双手抱臂的人讲话，为什么他几乎一句也听不进去……

3. 会"问"

不同的人，隐藏的深浅自然不一样，很多时候，我们根本无法通过他人的言行举止洞察人心，这时候，我们不妨投石问路，采用一条小小的计策，让他人"不打自招"。当然，这种投石问路的方法很多，比如，酒后吐真言只是一个方面而已，还可以利用人的欲望，如金钱的欲望，地位的诱惑等，对方的内心动态以及善恶好坏自然就暴露无遗，中国古代那些慧眼识英才的人，往往会采取这些方法试探所用之人，以免用错了人。真金不怕火炼，人格情操高尚的人，不

会被眼前的诱惑所迷。

除此之外,我们还需要会"想",这些问题中所牵涉的细节都是人体在潜意识中发出的信号,都是社交活动中读懂对方内心意愿的关键线索。如果你误读了这些细节,就有可能导致一些不良后果——也许一单生意就此泡汤,也许会多树一个敌人,也许会因此造成爱人的离开。生活原本就是由无数细节组成的,如果不注意这些细节,你还能掌控你的生活和社交吗?

可见,侧写术所带来的效应,的确是我们在社交活动中不容忽视的问题,而从细节处入手,更是我们必备的社交能力,它能帮助我们顺利达到社交目的,在社交活动中如鱼得水!

假意出错,套取真实答案

世界伟大的无产阶级革命家马克思和他的太太燕妮原本并不是情人的关系,他们关系很好,是朋友,但在当时的时代背景下,这并不意味着他们是相爱的关系,尽管他们都了解彼此的心思,但谁也没捅破这层窗户纸。后来,马克思终于鼓起勇气,用一种别具一格的方式俘获了燕妮的心。

这天，马克思还是和以前一样，把燕妮约出来了。一路上，他都表现得闷闷不乐，这让燕妮觉得很奇怪。于是，燕妮就主动问他："你怎么了？有什么心事吗？我们是好朋友，能不能跟我说说？"

马克思说："说实话，我真的有心事，最近，我交了一个女朋友，我非常爱她，我希望我们能白头偕老，因此，我想向她求婚，但我怕被拒绝……"

"你有女朋友了？"马克思看到，燕妮脸上写满了惊讶。

"是的，认识很久了。"

"这是真的吗？"

"当然是真的。我这里还有一张照片呢，要不你给我把把关？"马克思说着，拿出一只精致的小木盒子。

燕妮点了点头，但她的心里不太开心，她慢慢地接过马克思递给她的小匣子，双手颤抖着打开了。

但燕妮奇怪的是，匣子里只有一面镜子，她打开镜子后一下子愣住了。她如梦初醒，惊喜万分。

原来，马克思卖了半天关子，是要跟自己求婚啊！

马克思与燕妮的爱情故事早已被人们传颂。这里，马克思是怎么探出燕妮的真实心意的呢？因为他故意制造出一个根本不存在的第三者，让燕妮认识到马克思心仪的对象就是自己，从而缔结了一段美好的姻缘。

这个技巧是在对话时故意搞错事实，让对方来改正，借此套出对方的信息或真正的心意。现实生活中，人们常常利用这一侧写术来探明他人心意。例如，销售员经常这样探寻客户的信息：

销售员："说到这里，我想您应该是比较喜欢粉色系的产品吧？"

对方："不是，我还是比较喜欢暗一点的颜色，可能跟我的皮肤更搭配一点。"

透过这一反面提问，就无须再提出"你喜欢什么颜色"这类直接的问题了，让对方基于想改正错误的心理，毫无戒心地主动透露出他喜欢暗颜色这一真实信息。

再者，日常生活中，夫妻双方也常用这种方法来"严刑拷问"对方的行踪。

妻："你昨晚又和老王一起下棋去了？"

夫："是啊，习惯了嘛。"

妻："哎呀，我忘了，我昨晚就在老王家呢，那你怎么不在啊？"

第2章
侧写的关键：秘密操控，成功侵入对方的思维

这里，很明显，妻子故意编造出了一个谎话来引出丈夫的谎言，而作为丈夫，就不得不招认自己昨晚的去向了。

当然，在运用这一侧写术探知他人真心的时候，还需要注意以下几点：

1. 对对方的心意有大致了解，别"歪打正着"

这一侧写术的精髓在于，我们故意出错，让对方以纠正的口吻来回答问题，而假若我们不清楚事情的原委，原本是想试探的，却直接道出了对方的真实想法，那么，对方必然会否认或让交谈双方都难堪。举个很简单的例子：

"所有的女孩子都喜欢玫瑰，你肯定是个例外。"

若对方真的喜欢玫瑰，那么，你的话只会让对方尴尬。

2. 藏好自己，别让对方看出破绽

这是一种侧写技巧，关键部分就是要在不经意间让对方流露出自己的真实想法，而假若让对方看出我们是在故意犯错，那么，只会惹恼他，事情的难度自然会加大，一不小心还会弄僵人际关系、前功尽弃。因为没有人是喜欢被人欺骗的，恋爱中，一些男孩或者女孩就是因为使用这些小伎俩不成，反而让对方离自己而去。

总之，我们可以发现，有时候，即使他人的内心是封闭的、真心是藏起来的，我们依然可以探寻，只要我们主动采取一些侧写技巧，正面询问对方可能会否认甚至排斥，那

么，我们不妨从反面入手，从错误的层面入手，此时，对方内在的纠错意识必定会被激发出来，从而帮助我们得到正确的答案，此时，我们的目的也就达到了。

对待固执的人，运用侧写术渗透其心

现实生活中，我们发现有这样一类人，他们非常固执，每件事情都能说出个一二三四，根本不考虑别人的意见，很难跟人合作，人见人怕，别人都不愿意跟他在一起工作。他自己浑然不觉，别人却非常难受。

倘若我们与这样的人意见不合，那么，即使你与他争执，你也很难占上风，因为他根本不给你反驳的机会，但若你能抓住其心理特点，采取"曲径通幽"的方式，那么，就会容易很多。其实，他们之所以会固执，多半是和成长环境有关，在他们与家人、爱人沟通的过程中，习惯了直来直去，这并没有什么坏处，只是比较难说服。在说服他们的过程中，你首先应该隐藏好自己，不要让他看出你的企图，然后对其恭维一番，再把他放到一个较高的位置上，这样，他们内心的抵抗就会小很多，态度往往容易转变。

生活中，这些固执的人，凡事一经决定，则不可更改。

即使明知错了，也要一错到底。有时会出言不逊。即使以礼相待，也往往难以被接纳。

从心理学上讲，顽固之人心底往往是脆弱和寂寞的，较一般人更渴望理解和安慰。如果我们持之以恒，真诚相待，适时加以恭维，时间长了，或许能博得好感，转化其态度，甚至被认同而成为知音。

需要指出的是，"侧写渗透"不是消极地耗费时间，也不是硬和人家耍无赖，而是要善于采取积极的行动影响对方、感化对方，促进事态向好的方向转化。比如，请固执的人帮忙办事，有时候对方推托不办，并不是不想办，而是有实际困难或心有所疑。这时，你若仅仅靠行动去"渗透"很难奏效，甚至会让对方感到很烦，更不利于办事。这时嘴巴上的功夫就显得十分重要了。要善解人意，抓住问题的症结，巧用语言攻心。

表面上看这种方法很简单，但并不容易做好。要想用此方法达到求人目的，需要把握好以下两个条件：

首先，必须控制好自己的情绪，要有打持久战的准备。

在现实生活中，有些人是火暴脾气，一旦遇到一些烦心事就恼火甚至发怒，其实，这样并不能帮你解决问题。因此，你要告诉自己，凡事要冷静，不要冲动。并且，你要学会忍耐，多对他人表示理解，只要能做到这点，你就能"反客为主",控制整个交谈进程。

可能你会认为,"侧写渗透"需要消耗大量的时间,但实际上,时间恰恰是我们打好这一仗的有力武器,因为,任何人都不想浪费时间,也耗不起时间。所以,只要你能克制住自己,摆出一副打持久战的架势,便会使对方妥协。所以,你一定要沉住气,耐心地牺牲一点时间,成功就会等着你!

其次,必须是"赞美""哀求""硬磨"三种方法一起上,缺少一种都达不到让对方哭笑不得的效果,也就难以达到你想要的结果。

总之,"侧写渗透"是一种打开固执的人心灵的成功诀窍,它考验的是你的耐力,只要你坚持,就能获得积极的效果,你应该表达出自己不达目的誓不罢休的决心,让对方看到你的态度,就能影响对方对你的态度。

第3章

侧写的目标：挖掘隐藏真相，侦破对手的真实想法

我们都知道，犯罪侧写的目的是帮助破案，而破案就是挖掘真相的过程，这与我们参与人际社交有着相同之处，因为任何人际关系都建立在对交际对象的了解之上。知己知彼百战不殆，然而，现实生活中，出于各种目的，人们在交往的过程中并不会对彼此敞开心扉，有些人甚至会编造出各种各样的谎言，对此，我们可以借鉴犯罪心理学中的侧写术，识破伪装，挖掘真相。把握人心，才能在交际应酬场上准确地掌握对方的内心世界，然后对自己的交际决策做妥善的规划，赢得交际的成功！

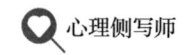

从对方的眼球来判断其言语的真伪

俗话说："眼睛是心灵的窗户"，一个人的内心世界通常都会或多或少地体现在眼神里，而很多时候，一个人的眼球变化更能体现他内心情绪的波动。因此，与人交往中，那些细心的、聪明的人往往会根据对方的眼球来判断对方话语的真假。犯罪心理侧写师们也通常会运用这一方法来判断罪犯的供词是否属实。

的确，如果一个人在说谎，他的眼球就会转来转去；如果一个人在真心实意地对待你，他的眼球所发出的视线就会一直朝向你，这表示他不是在说谎话。因为如果一个人在说谎，他的内心就会很慌张，大脑也会紧张起来，不停地在想要说些什么谎话你才相信，所以眼球也会一直乱动，生怕你发现他在骗你，逃避你的眼神，不敢正眼看着你，是因为骗你时心里内疚。如果是一些骗人高手，他就会跟着你的眼神走，你看哪，他就跟着你看哪，因为骗你的时候紧张，又怕你发现，所以干脆就跟着你的眼神走。

我们先看看下面这一场景：

第3章
侧写的目标：挖掘隐藏真相，侦破对手的真实想法

"价格真的太贵了！我看我还是不买了。"这位客户一边说着一边拿起一套化妆品，挑选了很久的她终于停下了脚步。为其介绍产品的是销售员小李，小李听到客户这样说，并没有放弃推销，因为她发现了一个很小的细节：客户看到这款化妆品时，突然睁大了眼睛，眼球似乎也放大了一倍，再没有看其他款了。

于是，她尝试着问："小姐，那您认为贵了多少钱呢？"

客户："至少是贵了500元吧。"

小李："小姐，您认为这套化妆品能用多久呢？"

客户："这个嘛，我比较省，怎么也要用半年吧。"

小李："如果用原来的化妆品，要用多久呢？"

客户："原来那个两个月要买一套吧，因为效果不太明显。"

小李："这样吧，您看原来那个化妆品是200元一套，可以用两个月，您半年需要花600元，但是小姐，实不相瞒，我们这种化妆品如果您比较省，至少可以用一年，这是所有客户共同得出的经验，由于它富含的营养成分比较多，所以只要稍微用一点，就可以了。"

客户："真的是这样的吗？"

小李："这是我的客户共同的见证。这个周末您有时间吗？我已经约了所有客户举行一个联谊活动，希望您也

能参加。"

客户:"这样啊,好,我相信其他女孩子的眼力……"

这则案例中,我们发现,化妆品推销员处理客户异议的方法很值得我们学习。这里,她之所以能判定出客户的反对意见"我看我还是不买了"并非真实想法,是因为她观察到客户的眼球的变化,这是一种心有所属的表现。

的确,人们所表现出来的,最难以掩饰的部分,往往不是肢体动作、语言,而是眼睛,眼神里所传达的信息是无法假装的。我们看眼睛,不重大小圆长,重在眼神,而什么样的眼神,很多时候都是由眼球来决定的,首先反映在视线上,视线的移动、方向、集中程度等都表达不同的心理状态,观察视线的变化,有助于人与人之间的交流。

一个人心里特别难受的时候,他的眼里会饱含泪水,但是又不想被你发现,所以眼球看起来一闪一闪的。一个人很开心的话,他的眼睛里清澈明亮,并且是眉开眼笑的。一个人很生气的话,他的眼里虽说看不到火焰,但是他的眼神特别吓人,会一直盯着你看。一个人很恨你的话,不只是会用眼神"秒杀"你,更会恶语相加。一个人要是很单纯、善良、天真的话,他的眼球中会一点杂质都没有,很清澈、水汪汪的,而且看待任何人都是同一个眼神,不会变换,除非生气、开心，平常都是用同一种眼神看人，要是谁需要帮助，他的眼中会闪过一丝不安和焦虑，显示担心和关心。

那么具体来说，我们该怎样根据对方的眼球来推断对方话语的真假呢？

犯罪心理学家告诉我们：

第一种——说真话时的眼球：

谈话时突然中断眼神交流，而往左下方看的时候，表示正在回忆，所说的话有可能是真的。

第二种——说假话时候的眼神：

谈话时突然中断眼神交流，而往右下方看，表示正在编造谎话。

第三种——对现状表示些许尴尬和回避时的眼神：

谈话时，突然中断眼神交流，面带微笑地躲避对方眼神，是一种窘境的表现，说明你触及了对方内心的羞愧感。

当然，要看一个人说话的真假，不仅要学会看眼球，还要学会看行为举止，还有说话时的语气和表情，要多方面地去观察。

心理侧写师

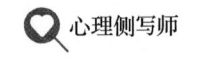

从对方的反应速度判断其真伪

俗话说,"一心不能二用",的确,我们不可能同时让注意力集中于几件事上。正是因为这点,日常生活中,与人打交道,如果我们希望探测出对方的内心世界,从而有助于我们采取进一步的计划,我们就可以制造一些突发事件,根据对方的反应速度来判断其话语的真伪,让对方在慌乱中被我们攻破心理防线。因为对于那些撒谎的人来说,在他们被问及某些意料之外的问题时,他们会忙于编造新的谎言来圆之前的谎,因此,如果对方反应迟钝,那么,很可能表明他撒了谎。

我们再来看下面一个故事:

有一对姓张的夫妇,他们已经结婚十年,早过了七年之痒,张先生是个体贴的男人,每年的结婚纪念日,他都会为妻子买一份礼物。但就在他们结婚的第十一个年头里,张太太明显发现张先生不大对劲,他加班的时间多了,出差的次数也多了,以女人的直觉,她心里很清楚,丈夫有可能变心了。于是,她准备试探一番。

这天,张先生还是和往常一样,夜里12点才回来,张太太也和往常一样为醉酒的丈夫换衣梳洗。

第3章
侧写的目标：挖掘隐藏真相，侦破对手的真实想法

"你今天是和老王一起喝酒的，什么事这么开心啊？"张太太故意问。

"是啊，老王升职了，他这么客气，非要请大家喝酒啊。"即使半醉的状态下，张先生还是很善于撒谎。

"是吗？可是我晚上八点多去逛超市的时候，明明看见老王和大姐也在呢。"张太太故意试探性地问。

"你不说我还忘跟你说了，老王的姐姐今天晚上刚好从国外回来了，这不得好好招待她，老王喝到半道儿就走了啊。"张先生说完这一番话后，深深地吸了一口气，而这一切，都被张太太看在了眼里。

"可是我今天晚上并没有看见老王，我逗你玩呢。"张太太说。

"你、你、你……"张先生急了，他知道，这下子不得不跟妻子"招供"了。

故事中的女主人公张太太是聪明的，她猜到丈夫可能会撒谎，于是，她事先设下圈套，让丈夫往里面跳，然后通过反复问一些突发的问题来查看丈夫的应变能力，当然，张先生也是聪明的，但他聪明反被聪明误，还是不打自招，不得不承认自己撒了谎。

其实，生活中，我们随处可见人们利用这一方法。从他

人语速语调的微妙变化中，我们可以观察出他的心理变化，例如，一个平时说话不紧不慢、慢条斯理的人在面对他人的一些陈述后突然提高说话分贝，然后大声进行争辩，那么，很可能表明对方对他的评价是错误的、不实的，甚至是诽谤。如果一个人面对他人的批评和指责，半天说不出话来，然后低下头，那么，则表明这些指责是事实。如果平时一个语速很快的人突然减慢了自己的说话语速，那么，他一定是想强调什么，以引起他人的注意。对于语调，人们在兴奋、惊讶或情绪激动时说话的语调就高；而在相反的情况下，语调则低。

当然，生活中，我们在利用这一侧写术的时候，一定要注意：要深入地了解我们的交往对象，了解他们的性格，如果对方是个急性子并大大咧咧，你可以使用这一方法；而如果对方心思细腻的话，你就要慎用这一方法，以免因小失大，得罪他人。总之，只有事先了解，我们才方便轻松自如地做出正确的决策，在与人交际的时候便能如鱼得水。

从回答重复问题看对方是否撒谎

法官判案时，经常会采用这样的一种问话方式：当嫌疑

第3章
侧写的目标：挖掘隐藏真相，侦破对手的真实想法

人陈述了某些情况后，他会时不时地问嫌疑人："请你复述一下××晚上9点钟你在做什么？"如果嫌疑人在说谎，那么，法官会发现，他每次的答案虽然大同小异，但都有细节上的不同，等法官问过很多次之后，他最后一次的答案可能和第一次的回答南辕北辙。那为什么会这样呢？因为，人们对于自己没有做过的事往往都会想方设法去圆谎，而要编造一个谎言，就需要再去编造更多的谎言来弥补这个谎言的漏洞，于是每次编造的谎言都会不同。而人们对于真实发生过的事，印象是相同的，口供也是相同的。因此，"重复的问题看对方的回答是否统一"就是法官们经常用到的审问嫌疑人的侧写术之一。

而这种侧写术在生活中的运用也随处可见，比如，作为妻子，如果你发现丈夫最近的行为异常，你可以这样旁敲侧击他："对了，你刚刚说你昨天晚上和小刘他们打牌输了多少钱？"如果丈夫昨晚真的是和小刘打牌，那么，既然他昨天晚上能回答出来，现在也一定记得输钱的数目。而假如丈夫今天回答的数目与昨天不同，那么，很明显，他昨天撒谎了。

当我们不知对手虚实的情况下，可以使用重复某一问题的方法来投石问路。但使用这一侧写术时，我们需要注意以下两个方面：

第一，所问的问题必须是细节性的、对方不曾留意的。

问对方始料不及和不曾留意的问题，对方才有可能露出破绽。

第二，对方前后几次的回答出入越大，越表明对方话语真实性不高。

有时候，对方前后几次回答的话含义是同样的，但这也有可能是对方事先为了圆谎编造好的，此时，我们就要看他几次回答的出入，因为人们亲身经历过的事情，描述时基本上都会以同样的语气、词汇，否则会尽量想当然地编造语言。

可见，我们要想让自己看透他人是否说的是真话，就要懂得主动出击，然后引导对方多暴露自己，最终把握好时机看出对方的真心！

利用刺激性问题试探对方的反应

现代社会，无论是职场工作、商业竞争还是与人打交道等，我们都必须要了解对方的真实内心，只有知己知彼，才能百战不殆。而伪装的面孔往往带有迷惑性，这就需要我们借助侧写术。那些善于伪装的人可能会让你觉得毫无破绽，但我们可以主动出击，主动问刺激性的问题看看对方的反

第3章
侧写的目标：挖掘隐藏真相，侦破对手的真实想法

应，看对方的神色表情，如果他面不改色，那么，多半证明他所言非虚；而倘若他神色慌乱，则表明对方撒了谎。可见，用刺激性的问题让对方自乱阵脚，我们会节省很多精力。

下面来说说这样一个故事：

有一次，绍兴某贵族张员外的小公子抢了别人家小孩的毽子，还把人家打哭了。刚巧徐文长路过，就把毽子从小公子手里夺过来，还给那孩子，谁知小公子平时娇生惯养，哪里受过这样的气，他一下子大哭大闹起来，还说徐文长欺负他。于是，家丁就把徐文长押上堂，请知府发落。知府也不知道事情的原委，只得听二人在公堂上各自讲各自的理。

张员外大声喝道："你敢欺负本员外的孩子？"

知府也赶紧应和："是啊，徐文长，你可知罪？"

徐文长笑着说："我并没有啊。据我看，张员外才是不知罪呢！"

张员外当然不高兴，大声问："我有何罪？"

徐文长说："你家公子一早在踢这毽子，您想必知道这毽子上有羽毛，下面有铜钱，而铜钱上印的是嘉靖皇帝年号。小公子如今竟然手提毫毛，脚踢万岁，这岂不是欺君罔上？常言道：子不教，父之过，张员外又该当何罪呢？"

徐文长这招果然厉害，张员外听后，立即吓得说不出话来，知府自然也听明白了事情的真相，不得不连忙笑道："好吧，大家谁也不要为难谁了吧！"徐文长这才罢休。

这里，徐文长是怎么让张员外主动认罪的呢？他的这招就是"威胁"，他针对张员外借题发挥的做法，借来了一个更大的题——脚踢万岁，放大"员外之子踢毽子"这件事的严重性，让张员外心中恐慌，以此来整治张员外，达到自己的目的。

这一侧写术的原理是：人们在受到刺激和威胁时，多半都不会心平气和，他们会暴露出内心的真实想法。

温斯顿·丘吉尔说过："一个人绝对不可在遇到危险时，背过身去试图逃避。若这样做，只会使危险加倍。"因此，归根结底，"刺激"并不是真正的目的，只是一种手段。"刺激"应包含下列含意：刺激的问题应该是能对对方起到作用的，而不是无关痛痒的；刺激的目的是让对方说真话。如果还是不能彻底了解到对方的脾气，对方修养特佳，或伪装很好，试探对方也是一个很好的方法。你可以提出一个非常偏激的观点，看对方的反应，如果他认同你的观点，那么基本可以确定他是趋炎附势的人，不喜欢与人争辩；如果他与你讨论，那说明他有自己的主见。

那么，具体来说，我们应该怎样掌握这一方法呢？

1. 了解对方的弱点

你的问题能否起到作用，就要看这一问题能否真的刺激到对方，因此，我们最好要事先了解对方的弱点。

从反面说："我承认，这款手机价格不菲……"这样一刺激，对方肯定会被激起购买欲。

2. 因人而用

我们在运用这一侧写术的时候，要先了解对方，因人而用。要对对方的心理承受能力有所了解，如果激而无效，那么也是白费力气。

3. 掌握火候，语言不能"过"

如果说话平淡，就不能产生激励效果；如果言语过于尖刻，就会让对方反感。因此语言不能过急，也不能过缓。过急，欲速则不达；过缓，对方无动于衷，也达不到目的。

总之，我们在与对方交谈之前，越了解他越好，即使不能够做到，也要在交谈之中逐渐形成对这个人的看法，然后再谈比较重要的事，才能够预料到他的态度，至少不至于让他误解或弄不明白我们的意思，我们的目的才更容易达到。

> 心理侧写师

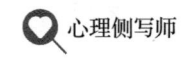

"敲边鼓"的侧写技巧，能洞察对方的真心

我们都知道，人际交往中，人们出于各种原因，内心世界往往是隐蔽的，甚至会用谎言来遮掩自己的真实意图，此时，我们要想探求对方的真心从而攻破对方的心理堡垒，就需要掌握一些侧写术。其中，我们不妨运用旁敲侧击法，即在正面询问无效果时，不妨从侧面试探，如生活中，一对谈恋爱的男女，男孩要想知道女孩是否真心喜欢他，可以故意试探女孩："我给你介绍个男孩认识吧。"如果女孩喜欢他，会很坚决地告诉他："不用了。"这样的方法恐怕生活中很多恋爱男女都运用过。我们再来看下面一个故事：

莉莉与小齐初中毕业后就一起来到城里的一家餐馆打工，她们关系很好，可谓是无话不谈的朋友。但两人的行事作风却有点差异。

一次，莉莉在收拾餐桌的时候，发现了一部手机，肯定是客人落下的，莉莉早就渴望有一部手机，于是，她想悄悄据为己有。可不巧，小齐看见了，让她上交。莉莉却说："什么呀，我没拿什么手机啊。"

小齐说："莉莉，你知道什么叫'不劳而获'吗？"

"不知道！"莉莉嘟着嘴回答。

第3章
侧写的目标：挖掘隐藏真相，侦破对手的真实想法

小齐说："你看，'不劳而获'是不经过劳动而占有劳动果实。说得确切点是占有别人的劳动果实！"

"我可不懂那么多。"莉莉有点不耐烦了。

小齐耐心地问："你说，抢别人的东西是不是'不劳而获'？"

"是的。"

"你说，偷别人的东西是不是'不劳而获'？"

"当然是的。"

"那么，拾到别人的东西据为己有是不是'不劳而获'呢？"

"这，这……当然……"莉莉这时不知道说什么好了，吞吞吐吐地回答着。

看到莉莉已经同意了自己的观点，小齐顺势说："其实，拾到别人的东西据为己有和偷、抢得来的东西，在'不劳而获'这一点上是相通的，除了国家法律，我们还应有一定的社会公德，再说我们来的时候，老板都为我们念了店里的工作守则的，其中就有一项：拾到顾客遗失的物品要交还，我们还想在这家店长期干下去呢，可不能因为这点蝇头小利丢了工作啊！咱自己想要手机，就要靠自己的能力挣钱买，那样用得才理直气壮哩！"

最后，莉莉主动把手机上交了。

案例中的小齐就是个会说话的人，在她发现好朋友莉莉准备将捡来的手机据为己有的时候，并没有直接追问，而是采用"敲边鼓"的方法，让对方承认这是一种错误的行为。先提出一个看似与"偷手机事件"无关的"不劳而获"的意义，让莉莉明白什么是不劳而获，从而逐渐由大及小，步步推进，最后才切入实质性问题：拾到东西据为己有，同偷、抢一样是"不劳而获"。最后，聪明的小齐又把问题归结到莉莉想把手机据为己有的想法是不正确的，并劝说莉莉可以自己努力工作去买一部手机。小齐的说服可谓是有理有据，莉莉自然也能接受。

而在现实生活中，很多人遇到这种情况，可能会站出来告诉对方："你怎么偷人家东西呢？"这样说，虽然出于好意，但无异于打人脸，对方必定不会接受，甚至还会矢口否认。其实，无论是出于什么目的，在探测对方真心的时候，一定要绕开关键点，因为那个点恰恰是你们冲突的焦点。如果你直奔主题，告诉对方要诚实，很容易引起对方的逆反心理，不仅让对方难以接受，还会和你对抗到底，那么，你的劝导工作将会加大难度，甚至根本无法成功；而如果你从侧面引导，一步步地回到你想要了解的关键点上，若是理由充分，别人一般都能接受。

其实，你若想探测他人真实的内心，就必须懂得运用

"敲边鼓"的说服技巧，从理论上讲，这符合心理学的基本规律；从实践中看，只要运用得恰当巧妙，就能取得理想的效果。

因此，与人交往，我们如果能借鉴犯罪心理学中的侧写术这一说服技巧，就能玩转心理游戏，如果你想要达到自己的目的，不要直奔主题，不妨运用"敲边鼓"的技巧，同时，你要做到有理有据，让听者心服口服，而不能是说教式或者命令式的。当然，这不仅需要有一个好的口才，还需要有一个好的态度，耐心地引导、启发对方思考，让其自主接受你的观点！

提问细节，让对方暴露自己

现代社会，我们一直倡导诚信原则，但我们却时常看见有违这一原则的现象出现，有些人为了自身利益不惜以欺骗他人为代价。当然，有时候，有些谎言的出发点是善意的，他们可能是为了保护某个人不受伤害。但谎言无论是善意的还是恶意的，它的存在都隔断着人与人之间真诚的关系。不管怎样，我们都要学会识破谎言。如果对方的谎言是善意的，我们更加能够理解对方的苦心，避免彼此之间产生误会，加深彼此的感情。如果对方的谎言是恶意的欺骗，那么，识破谎言则有利于保护自己不受伤害。那么，怎样识破谎言呢？

其实，我们都知道，任何一条谎言的存在都是不以事实为依据的，为此，撒谎者必须首先计划好，但无论如何，它都会存在一定的漏洞，这就是我们识破谎言的入口。因此，我们可以掌握这样一条侧写术——多多提问细节，对方便会在不知不觉中暴露。我们先来看看这样一个爱情故事：

杰克和琳达已经相恋五年，长时间以来，琳达都对杰克不满，因为她认为杰克是一个胆小怕事的男人，生活中的大小事，杰克都会让琳达先试一试。

有一次，他们出海游玩，但就在他们准备返航时，却遇到了飓风，他们乘坐的小艇被飓风无情地摧毁了，在危急时刻，幸亏琳达抓住了一块木板，两个人才保住了性命。面对一望无际的大海，琳达问杰克："你害怕吗？"听到琳达这么问，杰克却一反常态，表现得非常英勇，他从怀中掏出一把水果刀，一本正经地说："害怕，但我必须保护你。如果真的遇到鲨鱼，我就用这个来对付它。"看着那个小小的水果刀，琳达不禁摇头苦笑。

后来，他们看到了一艘轮船，便急忙求救，但就在这

第3章
侧写的目标：挖掘隐藏真相，侦破对手的真实想法

时，他们看见不远处有一条鲨鱼，琳达赶紧对杰克说："杰克，赶紧用力游，我们一定会没事的！"想不到的是，杰克突然用力把琳达推进海里，独自扒着木板朝轮船奋力游去，并且大声喊道："亲爱的，这次让我先试！"琳达惊呆了，望着杰克的背影，她感到自己必死无疑。鲨鱼正在靠近，但是，让人惊讶的一幕发生了，鲨鱼径直向杰克游去，并没有像琳达担心的那样直冲向自己。鲨鱼凶猛地撕咬着杰克，血水瞬间蔓延开来，在最后的时刻，杰克竭尽全力地冲琳达喊道："我爱你！"

因为鲨鱼冲向了杰克，所以琳达获救了。甲板上的人都在默哀，船长坐到琳达身边说："小姐，你的男友是我所见过的、最勇敢的人。我们为他祈祷，希望他在天堂里没有痛苦！""勇敢？他是个胆小鬼！"琳达伤心地说："他在危急时刻抛下我独自逃生……"船长惊讶地张大了嘴巴："为了救你，他牺牲了自己的生命，你怎么能这样说他呢？"琳达疑惑地看着船长，船长接着说："刚才，我一直在用望远镜观察你们的情况，难道你不纳闷为什么鲨鱼对近处的你不闻不问，而径直地游向远方的他吗？原因其实很简单，我清楚地看到他把你推开后，用刀子割破了自己的手腕。大家都知道，鲨鱼对血腥味很敏感。假如不是因为他这样做来争取时间，恐怕你现在早就已经葬身鱼腹了……"

看完这个故事，我们不禁被杰克对琳达的深深的爱感动，也为琳达对杰克的误解而感到遗憾。幸运的是，有一个船长目睹了事情的真相，否则，琳达岂不是要误会杰克一生？在现实生活中，不会总是有这么一个明察秋毫的船长来为我们揭发真相，所以我们必须清楚地意识到：很多时候，眼睛看到的事情未必都是真的。要想知道真相，我们就必须去探究事情的细节，这样才能了解事情的真相。

通常，人们为了圆谎，都会在撒谎之前预先编造好情节，这样才能在别人询问的时候从容应对。当然，也不排除有很多人是临时才决定撒谎的，这样一来，没有经过缜密的思维，漏洞就会更多了。不管是事先预谋好的，还是临时决定的，撒谎者都只能编造大概的情节，但是很难编造完美无瑕的细节。很多时候，只有亲身经历过的事情，人们才能说出翔实确定的细节。而撒谎者，因为是捏造的，所以根本不可能像亲身经历者那般对细节问题确凿无疑。举个很简单的例子，一个丈夫可能会撒谎骗妻子说昨晚之所以没有回家是因为在加班，但是，当妻子问他和谁一起加班时，他往往很难回答，因为他没有真的加班，所以不敢随便说和谁加班，以免妻子去核实。这时候，他往往会含糊其词，顾左右而言他。此时，妻子就要警惕了。反之，如果他没有撒谎，一定会毫不迟疑地告诉妻子自己是和谁一起加班的。这就是细节的绝妙之处，很难伪造。难怪人们常说，如果你撒了一个谎，就要撒很多谎来圆这个谎。

总而言之，为了得知真相，我们一定要展开细节询问，这样才能识破谎言。其实，很多人都不喜欢别人骗自己，不管是善意的谎言，还是恶意的谎言。所以，还是真诚相待为好。

太过巧合的事，要仔细甄别

我们常用"无巧不成书"来形容事情十分凑巧。的确，在我们的生活中，总是随时随地发生一些凑巧的事，比如，你在大街上闲逛，却无意中碰到一个熟人；就在你离开某个地方后，该地却发生了一些天灾人祸……有些巧合的效果是正面的，有些却是负面的，当然，人们都喜欢前者。然而，生活中，并不是所有的巧合都是因"巧"得来，也可能是人们为了圆谎而故意制造出来的巧合。因此，人际交往中，对于那些太过巧合的事，我们要仔细甄别，这也是一种侧写术。比如，你在某个私人场合，恰巧碰到你的丈夫和他的私人秘书单独在一起，那么，你就要思考一下了；如果你的孩子在成绩公布那天正好把成绩单丢了，那么，你也要想一下

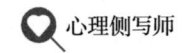

他是不是考得不好……生活中，值得我们仔细甄别的巧合实在太多了。我们再来看下面一个故事：

刘女士经营着自己的一家皮具公司，因为经营有道，她公司的生意红红火火，但最近，刘女士在国外的丈夫的事业做得更好，希望她能过去帮忙，并且，已经为她办好了移民。这种情况下，刘女士只好着手把自己的公司转手，在和几个收购公司几轮谈判之后，她看好了一家实力较好的公司，这家公司负责谈判的人姓王。最终，刘女士想再和这家公司谈谈收购价格的事。

这天，双方再次坐在了谈判桌前。刘女士满以为对方会接受自己提出的收购价。谁知道，谈判进行到一半的时候，姓王的经理却被手下人叫了出去。一阵嘀咕之后，对方又走了进来。

"王经理，发生什么事了吗？"刘女士问。

"是这样的，刘总，外地有一家我们之前想收购的公司，他们一直不肯合作，现在他们公司出现了火灾，目前正打算低价卖给我们，既然这样的话，我们自然愿意收购这家实力很雄厚的公司，当然，刘女士您也是很有诚意的，如果您在价格上再让步一点的话，我们也不会再费精力去与那家公司谈……"对方一连串说了很多话。刘女士静静地听着，她哪里会轻信这

第3章
侧写的目标：挖掘隐藏真相，侦破对手的真实想法

些话，因为她相信天底下巧合的事情是有，但这也太巧合了，这家公司的火灾怎么来得那么不是时候，于是，刘女士说："王经理，您看这样行不行，这事我一时半会儿也敲不定，我先跟我的几个董事们商量一下，会尽快给您回复的。"听到刘女士这么说，对方也自然会答应下来。

其实，刘女士这么做，是为自己赢取时间做调查，果然，不出刘女士所料，所谓的外地某皮具公司失火的事，只是对方编造出来的一个幌子而已，为的是杀价，在得知这一消息后，刘女士很快给这家公司回应："真对不起啊，几个董事们商量了一下，还是觉得这个价格已经很公正了，如果您觉得不能接受的话，那么，我们也很抱歉。"对方的答复果然也如刘女士所料——他们答应以刘女士开出的价格收购公司。

故事中，我们不得不佩服刘女士的分析能力，在对方使出了一点小伎俩以企图杀价时，她并没有自乱阵脚，而是先为自己赢得时间，以调查对方所说是否属实，最终又赢回了谈判的主动权。

的确，很多时候，我们在与人交往的过程中，也会遇到类似于故事中这样的巧合之事，聪明的你一定要先学会仔细斟酌，不要被那些看似巧合的事蒙蔽了眼睛，有时候，对方

059

制造巧合只是为了隐瞒自己的谎言。从这里，我们可以得出一条斟酌巧合是否属实的方法，那就是要学会察言观色，因为制造巧合同样属于谎言的一部分，人们在说谎的时候，都会在神色、动作等方面露出破绽；另外，我们还要学会通过其他方法检验对方话语的真实性，就如同故事中的刘女士一样，可以先赢取时间，然后再事后调查。当然，无论何种方法，我们都要多留一个心眼，对于那些太过巧合的事一定要仔细斟酌！

第4章

眼为心门：从眼睛透视对方的真实心理

> 人们常说，眼为心神，眼睛是心灵的窗口，更是反映内心的一面镜子，无论一个人心里正在打什么主意，他的眼神都会立刻忠实地告诉别人，他在想的是什么。因此，在与他人交流的过程中，我们完全可以通过对方眼睛的形状、大小以及眼部的动作、视线的转移来窥探他的心理活动，也就是说，通过眼睛这扇小窗户，我们往往能听见"千言万语"！

心理侧写师

了解眼睛所能透露出来的信息

在人类的感觉器官中，眼睛是重要的器官之一。科学家经过研究证实，人类有80%的知识都是通过眼睛观察得到的。眼睛不仅可以读书认字、看图赏画、欣赏美景、观察人物，还可以辨别不同的色彩和光线，然后将这些视觉形象转变成神经信号，传送给大脑，从而增强人类的记忆能力。

人们常说，眼睛是心灵的窗户。灵魂储藏在你的心中，闪动在你的眼里。孟子在《离娄章句上》中有一段观察人的眼神来判断人心善恶的论述："存乎人者，莫良于眸子。眸子不能掩其恶。胸中正，则眸子瞭焉；胸中不正，则眸子眊（眼睛昏花）焉。听其言也，观其眸子，人焉廋（藏匿）哉？"眼神毫不掩饰地展现了一个人的学识、品性、情操、性格等。戏剧表演家、舞蹈演员、画家、文学家、诗人都着意研究人们的眼睛，认为它是灵魂的一面无情的镜子。

在交谈过程中，眼睛是仅次于语言的重要工具。人与人之间除了需要语言的交流，眼神的交流也是必不可少的。在

第4章
眼为心门：从眼睛透视对方的真实心理

人类的面部表情中，眼神是最为微妙复杂的，不管是用眼神表达信息，还是准确地理解别人的眼神所表达出来的信息，都非常困难。

杜红是一名刚毕业的学生，幸运的是，她应征上了一家大型公关公司的策划人职位，成为人们常羡慕的白领一族。

上班第一天，她带着谨慎来到公司，如她所料，办公室果然是美女如云，站在人群中，杜红突然有一种"丑小鸭"的感觉。正在想时，一个美女走过来，热情地冲杜红打招呼，杜红自然也是热情地回应，然后杜红也打量了这位同事，颇有王熙凤的风范：一身很惹眼的名牌。而正当这位同事和自己说话时，她看到其他好几个同事都投来鄙夷的眼神，杜红认识到这应该是一个不受欢迎并且爱表现的同事，然后她给自己敲了一个警钟：以后不要和这位同事深交，否则不仅在职业上没有上升的空间，还会得罪所有人。

上班的第一天，根据自己的观察，杜红把办公室的同事以及领导都划归为几个类型，并用不同的方式与他们每个人相处，果然，不到半年，她就在一片支持声中升职了。

现代社会的职场人士，除了要具备一定的职业能力外，还必须学会怎么和同事、上司相处，杜红的聪明之处就是在上班的第一天，通过同事们的眼神了解到办公室的同事关系，给自己打了预防针。

那么，不同的眼神有什么不同的含义呢？下面，让我们一起来学习学习。

1. 眼神能反映一个人的自信程度

一般来说，自卑的人，眼神往往躲躲闪闪，很难长久地注视别人，一旦发现别人在注视他，就会将视线突然移开；性格内向的人，无法将视线集中在对方身上，即使偶尔看对方一眼，也是一闪而过，这种人往往不善交际；相反，那些自信的人，他们的眼神是笃定的、坚定不移的。

2. 眼神能反映一个人的专心程度

三心二意的人，听别人讲话时一边点头，一边左顾右盼，从来不把视线集中在谈话者身上，这说明听话的人对说话的人以及说话人所说的话题不感兴趣。凝神倾听的人，总是将视线集中在对方的眼部和面部，以表示对对方的尊重和理解；心不在焉的人，注意力集中在自己正在干的事情上，非但不看对方说话，而且反应冷淡。

3. 眼神能反映一个人的情感

如果两个人彼此心存好感，那么说话的时候往往喜欢注视对方的眼睛，以达到眼神的沟通、心灵的交流；相反，如果两个人话不投机，就会尽量避免注视对方的目光，以消除不快。此外，漠视的眼神给人一种拒人于千里之外的感觉，还有一种轻蔑的意思在里面；睐视也是不太友好的语言，给人一种睥睨和傲视的感觉。

4.眼神能透露出对方的精神状态

一个健康、精力充沛的人的眼睛通常明亮有神，眼睛转动灵活机警，眼光清澈、水分充足；一个疲劳的人眼睛就会显得乏力无味、目光呆滞、眼光混浊；一个乐观的人眼睛通常充满笑容，善意十足；一个消极的人往往眼睛下拉，不敢正视别人的目光。

在人际交往中，眼神的交流作用非常重要。很多时候，眼神是无法掩饰的，因此往往更能真实地表达出一个人的品质、修养以及心理状态。如果能够充分地理解别人的眼神所表达的意思，那么你就能够觉察到对方真实的内心世界，从而更好地与之交流。

瞳孔展现出他人的真实心理

从医学角度看，在人的五官中，眼睛是最灵敏的，因此，视觉被称为"五官之王"，足以支配其他的感官。我们举个简单的例子，假设你在一间黑暗的房间里，但此时你已经饥肠辘辘，对于端上来的食物，你会不假思索地食用吗？大概不会吧！而假设你在灯光柔和的餐厅里，你是否会食欲大增？可见，品尝食物，我们绝不仅靠味觉。

以品尝食物为例，我们绝不会只靠味觉，而是会同时注重食物的色香，以及装盛方式或排列方法等。因为这些都是视觉影响心理的现象。

在古希腊神话中，有姐妹三怪人，外人只要一接触其中一位名叫梅德莎的眼光，便立刻化为石头，这个神话故事充分说明了眼神的威力。

因此，眼能传神，能表现人的心理内容的说法，是非常有道理的。事实上，单就一个人的眼部动作而言都是很多的，其中就包括瞳孔的变化。

瞳孔主要受两组肌肉支配：瞳孔括约肌，其收缩使瞳孔缩小；瞳孔开大肌，其收缩使瞳孔扩大。瞳孔括约肌受第三对脑神经动眼神经（属副交感神经）支配，瞳孔开大肌受交感神经支配。人死后脑活动停止，使脑神经停止兴奋（即副交感神经作用下降），导致交感神经作用被表现出来，使瞳孔放大。当人受惊吓或情绪剧烈波动时的瞳孔放大也是交感神经兴奋的结果。

据说，古代波斯的珠宝商人出售首饰时，就是根据顾客

第4章
眼为心门：从眼睛透视对方的真实心理

瞳孔的大小来要价的，如果一枚钻戒的熠熠光泽能使顾客的瞳孔扩张，商人就把价钱要得高一些。这种瞳孔放大的情况生活中经常发生，人们在出现强烈兴趣或追求动机时，瞳孔就会迅速扩大。

因此，我们可以得出结论，观察一个人瞳孔的变化，我们就能大致推断出他内心的活动。我们先来看下面一个故事：

小陶是某智能玩具公司的市场营销员，作为新手，公司给他划分了一片区域。小陶明白，他只有完成这一销售任务，才能在公司站稳脚跟，因为作为销售人员，良好的业绩才是硬道理。

小陶是个聪明的人，在开始推销前，他做足了准备工作，其中就包括看心理书籍。他了解到，客户通常会表现得对产品毫无兴趣，但他们的眼睛撒不了谎，如果客户有意购买，通常会放大瞳孔。

这天，小陶还是和往常一样，敲开了某住户的门，小陶向对方介绍了公司的智能玩具，对方很感兴趣，但一提到价钱，对方马上态度冷淡下来，但小陶知道这并不代表客户放弃购买，于是，他将产品贵的原因一五一十地告诉了客户，客户这才消除了异议，最后顺利成交。

案例中，销售员小陶是个善于打有准备之仗的人。一个人在听我们说话时看上去心不在焉，但是他黑眼珠深处的瞳孔在慢慢扩大，那么这表明，他看似满不在乎，实际上内心对我们谈论的事情有着强烈关注。

可见，一个人无论采取什么方法掩饰自己的内心活动，我们都能通过观察对方的瞳孔变化来探知其内在想法。在恐怖、紧张、愤怒、喜爱、疼痛等状态下，瞳孔都会扩大；而在厌恶、疲倦、烦恼时则会缩小。这些都表明瞳孔活动与心理活动有着十分密切的关系。

美国芝加哥大学的心理学教授埃克哈特做过一个实验：参与实验的有男有女，他们收到一些照片，埃克哈特教授观察这些人看到照片瞳孔的变化。最后，他得出结论：不同性别的人看到不同的照片，瞳孔的变化会完全不同，比如，男性看到性感女性照片时，瞳孔平均扩大了20%，女性看到小孩子的可爱照片时，瞳孔平均扩大了25%。

这个实验证明人类瞳孔的大小不仅会随周围光线明暗发生变化，还受对目标关心和感兴趣程度的影响。

后来，又有实验者称，通常，婴儿和幼童的瞳孔比成年人的瞳孔要大，而且只要有父母在场，他们的瞳孔就会始终保持扩张的状态，流露出无比渴望的神情，从而能够引来父母的持续关注。这也就是卖得最好的儿童玩具总是把儿童广告模特的瞳孔弄成超大尺寸的原因。

有趣的是，心理学家还发现除了视觉刺激，其他感官也可引起瞳孔的变化，如呈现在眼前的一盘美味食品同样会使人的瞳孔扩张，饥肠辘辘的人扩张得更大些。如果加上吞咽唾液的动作，就构成了人们常说的那种"馋相"了。

我们常听到恋爱中的一个词语———一见钟情，其实，男女双方之所以会来电，就是通过眼神来传递信息的。我们经常看到女人喜欢给眼部化妆，其实也是为了让眼睛看起来更有神采，一个女人要是想吸引某个男人的注意，她就会在注视那个男人时表现得瞳孔扩张。如果这是个聪明的男人，也对这个女人感兴趣，那么，他就能读懂女人发出的信号而一见钟情。

一对热恋中的情侣在互相看对方时，也会不知不觉地寻找对方瞳孔扩张的信号，而且彼此都会被对方扩张的瞳孔激发出兴奋的情绪。

总之，有句老话说的是，在跟别人交流想法或者是谈判时，"要好好看着对方的眼睛"。但是我们觉得更好的做法是"好好看着对方的瞳孔"，因为瞳孔会把他们心中最真实的感受告诉你。

> 心理侧写师

看眼识人，从双眼获悉他人性格的秘密

俗话说："言为心声"，其实，眼睛才是写在脸上的心，我们不如说"眼为心声"更恰当。一个人的性格、内心想法、生存状态等都会毫无隐瞒地显现在他的眼睛里，因此，即便是静止的双眼，也在透露性格的秘密。我们先来看下面一个案例：

刘毅是一名暖气片业务员，刚进入冬天不久，生意逐渐地火爆起来了。

这天早晨，刘毅一大早就敲开了一家装修公司经理的家门。对方把他请到了家里，入座之后，刘毅并没滔滔不绝地介绍自己的暖气片的功能和特点，而是先和客户聊起了家常。因为在一进门的时候，他就注意到了客户有一双深陷的双眼，根据他的识人经验和心理学课程的学习，他大致可以推断出，这位装修公司经理应该遭遇过不少挫折，人生经历应该比较坎坷。于是，他尽量把话题引到了这一点上，果然，在交谈中，他得知，客户虽然现在小有成就，但幼年就丧父丧母，没有多少文化知识，几次被人领养，在创业的过程中，也曾被合伙人算计而损失惨重。客户在说到动情之处，还几乎流出泪来。

第4章
眼为心门：从眼睛透视对方的真实心理

在一番畅谈之后，客户很爽快地与刘毅签下了十几万元的大单子。

刘毅总是对公司的新人说，做生意一定要懂点识人术，能帮助你更快捷地拿下订单。

从这个故事中我们可以了解到，客户的眼睛反映出了他的心理倾向，刘毅正是抓住了这一点，了解了客户的心理，进而成功地完成了交易。当然，除此之外，任何一场人际交往，我们都要学会从对方的眼睛入手，因为眼睛往往能把对方的态度和倾向泄露出来。

下面是一些简单的参考，可以帮你读懂人心。从社会调查结果看，可以对不同的眼睛类型做出如下概括：

1. 眼睛大且眼珠大的人

此类人一般富有激情、有动力、观察力强、行动敏锐、待人热情，但容易三分钟热度，一腔热情冷却得也快，很容易被周围人的意见所左右，最终放弃自己的想法。这类人要想获得一番成就，一定要克服做事虎头蛇尾的习惯。

2. 眼睛偏小，眼睑外部朝下，白眼球较多的人

这种人心思缜密、功利心重，做事诡异、不遵循常规，熟识他们的人会认为他们阴险狡诈，不愿与其交往。

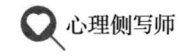

3. 有眼袋，眼角上翘者

这类人人际关系较好，深得异性和长辈的喜欢，他们能迅速适应周围环境的变化，在新的环境里，能迅速与人打成一片。

4. 两眼对称者

这类人多半做事情中规中矩，珍惜时间，能合理安排自己的生活和工作、感情和事业，可以成为一个成功者。

5. 眼窝深陷者

这些人因为人生挫折不断而显得深沉，做事会考虑他人的感受，会详细周到，是可信之人。

6. 眼球外凸，眼睛大而明亮者

这种人智商高、个性独立，无论是工作还是学习上，都是突出者。

如果他目光敏锐，那么，他是天生的领导者，能掌控周围的人和事，手腕强硬。清末民初的枭雄袁世凯就是这种特征，外国记者评论说：他有一双智慧而又充满魅力的眼睛。能被李鸿章赞赏为"当今之世，无出其右者"，也就不足为怪了。

如果他目光显露出天真无邪，其人缘较好，大家都喜欢这样的朋友，聪明又够意思。

7. 眼珠黑而明亮者

这就是被人们称为长有"童子眼"的成年人,因为一般情况下,成人的眼球是咖啡色的,假若一个人在成年之后眼球还是偏向黑色而且明亮的人,他应该还有童真,这类人为人胸无城府,待人真挚,但小心容易受骗,包括感情方面。

8. "鸳鸯眼"或"大小眼"者

无论男女,如果他的两只眼睛能从外观上看出来一大一小的,就被称为"鸳鸯眼"或"大小眼"。鸳鸯眼的人,观察力强,头脑聪明,而且特别懂得人情世故和待人接物,深得周围的人喜欢,另外,在情感路上也会多姿多彩。

众生百相,不同的人也生有不同的眼睛,一个人眼睛的大小、轮廓、形状等,也能帮助我们迅速判断其性格类型和内心动态。

从眼神的变化解读他人内心世界的变化

在人的脸部,眼睛是最灵动和敏感的,它是心灵的一扇窗户,眼神所反映出来的信息往往是另一种动人心弦的真情。诚如人们所说的"会说话的眼睛""眼睛是灵魂之窗",人在各种时候,不同的思绪动向会反映在眼睛中。通常人心中所想的事物，眼睛会比嘴巴还快说出来，而且几乎不隐藏。正如文豪爱默生所说："人的眼睛和舌头所说的话一样多，不需要字典，却能从眼睛的语言中了解整个世界。"因此，那些侧写师，经常捕捉罪犯瞬息万变的眼神来洞察对方的内心。

心理学家曾讲过这样一个故事：

曾经有个叫詹姆士的建筑家，他发明了一种可以防止偷盗行为的方法，那就是画一幅皱着眉头的眼睛抽象画，镶于大透明板上，然后悬挂在几家商店前。果不其然，那段时间，店铺的偷盗案件迅速减少，当有人问他原因时，他说："我画的虽然并不是真正的眼睛，但对那些做贼心虚的人来说，却构成了威胁，极力想避开该视线，以免有被盯着的感觉，因此，便不敢进商店内，即使走进商店里，也不敢行窃了。"

这就是眼神的力量，那些小偷看见的虽然是假的眼神，可是有种心虚的感觉，心理作用让他不敢再偷盗了。所以要解读一个人的内心世界，从眼神入手最好不过。

我们在与人交际的过程中，也可以选择观察别人的眼神来洞察他的内心世界，例如，开心的眼神透露的是笑容灿烂；尊敬的眼神表明他有点害怕，笑容勉强；爱慕的眼神是眼神迷蒙，笑得腼腆的；困扰的眼神是深邃无神，若有所思，眉头紧锁。

具体说来，我们可以从不同方面来看：

（1）如果你和对方交谈时，对方的双眼突然明亮起来，表明他对你将要说的话题很感兴趣，也可能是你的话对他来说正中下怀。

（2）如果不管你说什么有趣的话题，对方的眼光总是灰暗的，可能他正在遭受某种不幸或者遇到什么不顺心的事。

（3）当对方瞳孔放大、上睫毛极力往上抬，表明他对你的话感到很惊恐。

（4）如果你能通过余光发现对方正在斜眼瞟你，表明他想偷偷地看一眼又不愿被发觉，如果对方是异性，可能传达的是害羞和腼腆的信息。

（5）眼睛上扬是假装无辜的表情，这种动作是在佐证自己确实无罪。

（6）眼睛往上吊，说明对方有某种不愿为别人知道的秘密，喜欢有意识地夸大事实，因此不敢正视对方。

（7）说话时喜欢眼睛下垂的人，一般比较任性，凡事只为自己设想，对于别人的事漠不关心，甚至对别人的观点常抱有轻蔑之意。

（8）挤眼睛是用一只眼睛向对方使眼色表示两人间的某种默契，它所传达的信息是："你和我此刻所拥有的秘密，任何其他人无从得知。"

（9）眼神游离。这种眼神背后，一般都是在算计，在心中打小算盘，一个人如果常常会出现这样的眼神，那么，他多半是工于心计、城府较深的人。

这类眼神传达的信息可能有两种：一种是聪明而不行正道，另一种是深谋内藏、又怕别人窥探。前一种眼神多是品德欠高尚、行为欠端正的表现，后一种眼神多是奸心内萌、深藏不露的表现。

另外，在说话时眼神闪烁不定者，一般表示精神的不稳定。一些资料显示，犯罪者在坦承罪状之前一般都会有这样的状态。这大抵是因心中藏有某事或有所愧疚所导致。

（10）眼神转向远处。在谈话中，对方如果时时流露这种眼神，多半是因为并不注意你所说的话，心中正在盘算其他的事。如是进行交易的对手，那么他必然在心中做着衡量、计算，思索着如何在这场交易中谋取最大利益的策略。如果是没有利害关系的交谈对象，而对方并不专注于你的谈话，那一定是有其他的事情盘踞心头。

上述这些以眼读人术可以使我们在与人交谈过程中，迅速了解对方内心所思所想，在开口说话的时候，就能说出对

第4章
眼为心门：从眼睛透视对方的真实心理

方喜欢的话。当然，这只是一些简单情况的概括，我们在遇到不同的交际对象的时候，还应该运用具体的观察方法，做到有的放矢，这样，我们才能游刃有余地与人交往和应酬！

总之，眼球的转动、眼皮的张合、视线的转移速度和方向、眼与头部动作的配合，都在传递着一些信息，传递着一个人内心的秘密。当然，每个人的心理活动是很难从单独一个眼神看透的，还要同其他因素结合起来才可以得到答案。

观察对方的视线变化，了解其心理

我们都知道，人类是一种视觉动物，眼睛是人获取90%信息的来源，同时也是传达信息的重要途径。除了语言、表情、动作外，从人的视线中也能获得很多非常重要的信息，可以从中分析对方的心理。

下面是心理学家对此作出的四点分析：

1. 目光突然变成斜视，表明藐视、拒绝或者提起兴趣

细心观察，你会发现，在商业谈判中，彼此对立的双方会有这种眼神。

还有个特殊的情况，那就是一旦人们对某个人或事产生兴趣时，视线也会产生这样的变换。尤其在初次见面的异

077

性之间，经常能见到这种眼神，多出现在女性身上。也就是说，如果你是一名男士，在某个场合，有个不太熟悉的女孩子对你产生这样的视线变化，那么，表明她对你有兴趣，遇到这样的情况，如果你也对她感兴趣，你可以鼓足勇气找她谈话，给彼此一个结识的机会。

2. 视线突然转向远方，表明对方对你的谈话不关心或正在考虑别的事情

第一种情况，如果和你交谈的是你的交易方，那么，很有可能他在心里盘算你的话，盘算怎样才能使自己获得最大利益。如果他的视线转移后变得凝视于一点，那么，假设对方是卖方，他有可能为你提供的产品是次品；而假设对方是买方，他很有可能无法支付货款，你最好不要将大量产品一次性出售给他。总之，遇到这样的情况，你就该问："你有什么烦恼的事情？"以从对方口中探知原因。如果对方慌张地说："不！没有什么事……"这时，应当斩钉截铁地与他中断洽谈，可以对他说："以后再谈吧。"

第二种情况，如果和你交谈的是你的恋人，此时，假设对方是你的女友，她在与你谈话时总是将视线转到远处，这表明她在思考别的事，或许是对你们的未来没有信心，或许是她心里已有他人，对你说不出口。出现这种情况，你不妨用试探的口气问她："有什么麻烦吗？告诉我，我们共同

解决。"

3. 对方做没有表情的眼神，表示心中有所不平或不满

可能你会认为，没有表情的眼神应该是内心没有波动的情况下才有的，这种想法是错误的。人的思维产生变化时，会有不同的表现，有的闭上眼睛，有的则呆滞地望着远方，还有的则会做出毫无表情的眼神，一旦思维整理妥当或产生新的构思时，眼睛则显得很有神，或出现有规律的眨眼现象，这也是接着将要说话的信号。所以，交际中，面无表情不是好现象。

举个例子，如果你和你的女朋友交谈时发生不快，女孩突然毫无表情地告诉你她要回家了，那么，她心中很有可能是对你不满。

再如，如果你想邀请一位朋友，但他的性格有点懦弱，他本来想拒绝你，但不好开口，这时他也会有这样的表情，遇到这样的情况，你一定要倍加关心地问："你什么地方不舒服吗？"

4. 对方眼神发亮略带阴险时，表示对人不相信，处于戒备中

人与人之间初次见面，如果对方有这样的眼神，而你觉得自己并没有做错什么的话，很有可能是他曾经听到过一些关于你的负面消息，当然，这一消息很有可能是不实的，你

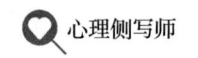

要做的就是尽快澄清误会。

那些打扮太过妖艳或奢侈的女性，走在大街上，也很容易招致这种眼神。

当然，除了以上介绍的四种情况外，我们还需要注意的是，一个人在感到内疚或做了对不起对方的事情后，总是试图回避对方的视线。所以，当一个人的眼神游离不定时，他可能在隐瞒什么事情。

不过，目不转睛不一定代表对方就是在说真话。因为如今多数人都知道避开视线有说谎的嫌疑，有些人为了不被看穿，也练就了说谎时眼睛一动不动的技巧。

另外，行为学家亚宾·高曼通过研究认为：对异性瞄上一眼之后，闭上眼睛，即是一种"我相信你，不怕你"的体态语。所以，当看异性时，不是把视线移开，而是闭上眼后，再翻眼望一望，如此反复，就是尊敬与信赖的表现。尤其当女性这样看男性的时候，便可认为有交往的可能。

视线的交流是沟通的前奏。一个人的视线可以从不同角度和不同的观点来了解。其一，对方是否在看着自己，这是关键；其二，对方的视线是如何活动的；其三，视线的方向如何，也就是观察对方是否以正眼瞧着自己，或以斜眼瞪着自己；其四，视线的位置如何，究竟是由上往下看，还是由下往上看；其五，视线的集中程度。这些表现所代表的意义是各不相同的。

　　总之,透过人的视线,更能窥探出人的内心活动。人们在社会生活中,如果内心有什么欲望或情感,必然会表露于视线上。因此,如何透过视线的活动了解他人的心态,对人与人之间在交往中的心理沟通,具有重要意义。

第5章

言表心声：言谈话语间的微动作心理分析

现代社会，随着竞争的逐渐加大，一些人习惯了隐藏自己，人际交往时，单从对方所说出的话去了解一个人，已经变得不再那么现实了。但其实，在观察微动作的同时，我们还可以从彼此的话语间找到一些细枝末节的突破口，如打招呼的方式、口头禅、语气语调等，将这些与微动作结合起来理解，能帮助我们更快、更准地把握人心。

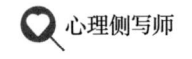

口头禅是一个人个性的体现

生活中，我们经常会有意无意地提到某个词语或者某个句子，这就是口头禅。口头禅一词来源于佛教的禅宗，本意指不去用心领悟，而把一些现成的经验挂在口头，装作有思想。演变到今天，口头禅已经完全成了个人习惯用语的意思。而且，按照现代心理学的观点，口头禅其实也不是完全不"用心"的，它背后隐含着一些心理活动和心理作用。

芳芳在接受公司进行的销售新手培训，在培训的过程中，培训老师张老师发现，芳芳很喜欢把"说真的"挂在嘴边。

这天课后，张老师单独找来芳芳。

"你对自己满意吗？"

"挺好的啊，您为什么这么问？"芳芳很好奇。

"那也就是你认为自己很自信咯？那为什么你很喜欢说'说真的'这个词呢？"

"口头禅而已，这应该不能说明什么问题吧？"

第5章
言表心声：言谈话语间的微动作心理分析

"这你就错了，一个人的口头禅是能泄露一个人的性格特征的，我们千万不能低估客户的观察能力，一个人喜欢说'说真的'，其实是不自信的人，他这样强调，就是为了让对方相信自己，我想，你应该知道自信对于一个销售人员来说有多重要吧！你自己底气不足，又怎么能说服客户呢？"

"我知道了，谢谢您，张老师，我会尽量改掉这一口头禅的……"

和故事中的芳芳一样，相信很多人都有自己的口头禅，这看似是一种语言习惯，其实是一个人个性的显现。使用不同口头禅的人，性格是不同的，为此，我们不妨根据口头禅的不同来对我们身边的人进行划分：

1. "真的，不骗你，说实话"

这种人在说话时担心听者会误解或者怀疑自己，因此，他们便急于表明自己的立场。

2. "据说，听说"

常使用这一类口头禅的人，往往有这样一些特点：他们阅历比较广，但往往不够果断，因此，为了让自己的话不至于太过绝对、给自己留点退路，他们便常使用此类口头禅。

3. "嗯，这个嘛，啊"

很明显，这是一些用于语言间歇中的词语，常使用这类口头禅的人,往往思维反应较慢。当然,一些说话傲慢者也喜欢使用这种口头语。

4."可能是吧,或许是吧,大概是吧"

这类人为人谨慎,行事周密,不容易得罪人,因此,人缘不错,但他们一般不会将内心的真实想法告诉别人。

5."但是,不过"

这类说话时滴水不漏,即使发现自己说错了话,他们也能立即找出一个例外,并用"但是"加以转折,但这也表明他们说话懂得留有余地,从事公共关系的人常有这类口头语,因为它的委婉意味,不致令人有冷落感。

6."肯定嘛,必须的"

这类人往往信心十足,理智、果断,有足够的说服力,常令人信服。

著名心理学家威廉·詹姆斯说过:"播下一个行动,收获一种习惯;播下一种习惯,收获一种性格;播下一种性格,收获一种命运。""口头禅反映了对某一类情形的反应模式。尤其带有消极词汇的口头禅,对认知和情绪都是一种消极暗示,所以,心理治疗师即使肯定别人,也很少说'不错'等带有双重否定的词汇。"

那么,从我们自身来讲,又该怎样避免口头禅为我们带来的一些负面效应呢?据有关专业人士介绍,三类对人心理健康不利的口头禅可要不得：

第一类，"我不行的""我怯场的"。在生活中，尤其是在一些特殊场合，我们常常听到这样的口头禅，表面上，这只是简简单单的一两句口头禅，却对我们的心理起到极强的负面强化作用，会导致我们形成自卑感进而不利于目的的达成，更对我们的心理健康有害。

第二类，摒弃那些能使人产生刻板印象的口头禅。从心理学角度而言，所谓刻板印象，顾名思义就是人们在社会生活中，随着某些社会经验的积累，会过多地依据这些经验为人处世、判定他人。这类口头禅很多，比如，"帅气的男人一定花心""十商九奸"，这些带有刻板印象的口头禅会给人们带来偏见，既不利于人际交往的和谐，也不利于身心的健康。

第三类，则是诸如"凑合着吧""没劲透了""活着真没意思"这些会传染给他人消极情绪的口头禅。不抛弃那些口头禅，则会让你在社会生活中成为不受欢迎的人。

的确，几乎不可避免地，每个人都会有自己常用的口头禅，也许大家没有意识到，这些自己根本没注意到的习惯，已经悄悄地"出卖"了我们。为此，你不妨也从这个角度来好好分析。

心理侧写师

从打招呼的方式看透人性

人际交往中，人们刚开始见面或者遇到熟人时，都会采取一种表示友好的方式——打招呼，可以说，打招呼是一种最简便、最直接的礼节，我们每天都有可能需要实施，因此，打招呼的方式也就透露了关于这个人性格的信息。我们不妨先来看下面这个故事：

老王是某事业单位职工，他和周围邻居、同事的关系都很好，很少得罪人，最近，单位从外地新调来了一个领导，被安排住在老王所在的小区。这天周末的早上，老王准备和妻子去买菜，在小区门口，这位领导看见老王，便跟老王打招呼："老王，你好啊。""您好，李处长。"

当时，老王妻子也向这位领导点了点头。

后来，老王发现，李处长每次看见他，都会以这样的方式打招呼，多年的识人经验告诉老王，这位李处长是个藏得很深的人。

有一次，老王听说李处长过生日，便给他送了一幅画。第二天早上，他看见老王，还是那样打招呼："老王，你好啊。"老王心里纳闷，难道他不喜欢自己送的礼物？谁知道，老王一到办公桌上打开邮件，就发现李处长给自己留言："老王，谢谢你，我很喜欢你的礼物……"

案例中的李处长在人际交往中表现得小心翼翼，不会给人留下口舌，很会注意自己的形象，因此，即便下属送了自己一件很喜欢的礼物，他们也会选择暗地里感谢，这样的性格，其实在他几次和老王打招呼的方式中已经显现出来了。

的确，小小的一次打招呼，也能让我们找到了解他人性格的突破口，不同的人打招呼的方式大有不同，具体来说：

1. 打招呼时双方的空间距离，直接显示出双方的心理距离

不难想象，好朋友们在见面时打招呼会立即走过去，然后给对方一个大大的拥抱或者直呼对方的小名、昵称等，这会让我们感到很亲密。而如果某个人在跟你打招呼的时候下意识地后退几步，在他看来这是礼貌的表现，但你肯定会觉得他是有意识地抗拒你，是有所顾忌的表现。

2. 初次见面就很随和打招呼的人，是想形成对自己有利的势态

初次见面就很随和地打招呼的人，往往使人大吃一惊。有人常常认为这样的人很轻浮，其实这种人往往很寂寞，非常希望与别人亲近。

心理专家提醒，当遇到"见面熟"的男性时，女性要特别小心，切勿使男性有机可乘。这种男性的性格浪漫大方，性情懦弱，且其中不乏游手好闲之人。

3. 边注视边点头打招呼的人，怀有戒心

打招呼时伴有注视对方眼睛这一动作的人，可能是对对方怀有戒心，还有一种可能，就是希望自己处于优势地位。而凝视对方的眼睛，那么，就有可能是借此方式来探测他人心理。

4. 打招呼时不敢看着他人眼睛，多半是自卑所致

你可能会误解：你很真诚地看着对方的眼睛打招呼，对方却没有回应你，而是避开你的眼神，你会认为他们是瞧不起人，而实际上并不是如此，他们可能是因为自卑或者胆小，因此，你需要抑制你的情感，不需要为此生气。

5. 虽然经常见面，还是千篇一律地打招呼，大多是自我防卫、表里不一的人

故事中的李处长就是这样的人，他们虽然与某个人见面次数很多，经常一起吃饭、喝酒，但他们见面时还是千篇一律地打招呼，这种人具有自我防卫的性格。

6. "招呼常用语"揭示人的性格

"招呼常用语"指的是刚刚与某人结识或与熟人相遇时经常使用的打招呼的话语，心理专家曾有研究表明，从一个

人的打招呼用语，可以了解这个人身上的很多性格特点。这些"招呼常用语"有：

"喂！"——这类人开朗大方、活泼好动、思维敏捷、富于幽默感。

"你好！"——这类人性格稳定、保守、工作认真、负责、深得朋友信任，他们能很好地控制自己的情感，不容易情绪化。

"看到你真高兴。"——这类人大多性格开朗，待人热情、谦逊，对很多事物都很感兴趣，但容易感情用事。

"最近怎么样？"——这类人爱表现自己，自信、大方，渴望成为社交场合的焦点，但同时，行动之前，喜欢反复考虑，不轻易采取行动；一旦接受了一项任务，就会全力以赴地投身其中，不圆满完成，决不罢休。

"嗨！"——这类人比较多愁善感、腼腆，不希望得罪人，常常会因为做错事而不敢尝试，但在自己熟悉的人面前，他们也比较活泼，在周末或闲暇时间，他们更愿意与爱人一起宅在家中，也不愿外出消磨时光。

打招呼的方式因人而异，没有千篇一律的打招呼的方式，从打招呼和应答的方式中，都可以反映出人的性格特点。

心理侧写师

从音色听出他人的心理密码

音色是声音的特性,一般而言,音调的高低决定于发声体振动的频率,响度的大小决定于发声体振动的振幅,但对于不同的人来说,其发出声音的音色是不同的。其实,音色的不同取决于不同的泛音,不同的人发出的声音,除了一个基音外,还有许多不同频率的泛音伴随,而恰恰是这些泛音决定了其不同的音色,使我们能分辨出不同人发出的声音。简单地说,每一个人即使说着相同的话,也存在着不同的音色,因此,我们可以根据这些音色去分辨出对方。

心理学家认为:"音色是性格的密码。"在生活中,我们常说,谁的嗓子音色很美,或音色沙哑、独具个性,有时候,我们还会评论小提琴家"音色丰富多变",等等。其实,这些独具个性的音色,恰恰是我们摸清对方性格的钥匙。

在西晋的时候,王湛的父亲去世了,他居丧三年,丧期满了,就居住在父亲的坟墓旁边。侄子王济来祭扫祖坟,从来不去看望叔父王湛,两人偶然碰到了一起,也是寒暄几句就作罢。

有一次,王济试探性地问了叔父最近的事情,王湛回

第5章
言表心声：言谈话语间的微动作心理分析

答时音调适当，音色温顺流畅。王济听了，大吃一惊，在他看来，叔父在之前不过是胆小怕事、缺乏主见、意志软弱之人，没想到，现在变得如此稳重。在这之前，由于王湛的品性，王济从来不把他当叔父看待，自从这次听了他的言谈后，心中生出了敬畏之意。虽然自己才华出众，但在叔父面前，却是自愧不如。王济不禁感叹："家里有名士，30年来却不知道！"

以前，晋武帝每次见到王济，都会拿王湛开玩笑，问他："你家里那位傻子叔父死了没有？"每到这时，王济总是无言以对。自从与叔父畅谈之后，王济对叔父有了新的认识，等到晋武帝再那样问起的时候，王济便回答说："臣的叔父并不傻。"接着，王济便如实讲出了王湛的优点。晋武帝问道："可以和谁相比呢？"王济回答说："在山涛之下，魏舒之上。"由于王济的推荐，王湛的名气逐渐大了起来，在他28岁的时候就步入了仕途，被天下人所知。

心理学家认为，说话速度较慢、音色温顺平和的人，他们对于权力都看得很淡，过着与世无争的生活，比较容易与人相处。不过，由于个性比较软弱，胆小怕事，对于外界的人和事都采取逃避的态度。不过，这样的人有着丰厚的内在素养，若是有人在旁边提携一把，他会成为一个大有作为的人物。

下面，我们就介绍几种常见的音色，以此来判断对方属于何种性格。

1. 音色柔和

这样的人待人宽厚，性格大度，做事懂得变通。他们不会轻易与人发生争执，在他们看来，无谓的争辩只会伤了彼此间的和气。他们藏起了自己的锋芒，在交际中展现八面玲珑的一面，擅长处理人际关系。

2. 音色铿锵有力

这样的人是非分明，对于任何事情都需要坚持原则，给人的感觉就是原则性太强，而不懂得变通，常常因为一件小事情，而让人没有商量的余地。不过，他们常常因为公正而受到人们的尊敬。通常，他们在评价别人的时候，不会因主观原因而产生偏见，即使与对方存在私人恩怨也可做到公正无私。

3. 音色深沉

这样的人大多才华出众，语气凝重，言辞隽永。对于生活中的人和事，他们能够理解得深刻而准确，对自己和他人很负责任，值得信赖。或许是因为不擅长处理复杂的人际关系，他们往往不能得到重用，自己的才华也无处施展。

4. 音色激烈

这样的人有着较强的好奇心，有较为独特的思维能力，敢于向传统挑战，敢于向那些所谓的"权威"挑战。他们有着丰富的想象力，经常会想出一些奇思妙计，在语言表达上，他们显得与众不同，比较有吸引力。不过，由于其敏感的性格，不能冷静地思考，所以难以被人所理解。

5. 音色尖锐

这样的人言辞比较犀利，喜欢与他人争辩，在与他人争执过程中，一旦抓住了对方的语言漏洞就会毫不留情地反击，以至于令对方哑口无言。他们看问题比较准确，不过，由于语言极具攻击性，因此，他们总是忽略事情整体的一面，而使自己常常陷入抬杠的境地。

熟悉声乐的人应该明白，声和音是两个不同的概念。音是声的余波、余韵，两者之间相差不远，但它们之间还是存在着细微的差别。在平时生活中，大部分人说话，只不过是声响散布在空气中而已，没有音可言。当然，如果说话的时候，虽然嘴巴张得很大，但声未出而气先发，那就表示对方有着深厚的内在素养。一个人的喜怒哀乐，是可以通过音色表现出来的，即使对方很想掩饰自己或者控制自己，但其内在情绪还是会不由自主地泄露出来。所以，我们通过音色来识别一个人的性格及内心世界，是比较可行的方法。

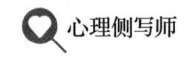

对方的弦外之音你能听出来吗

如何听出一个人的"弦外之音"？对此，曾国藩说："辨声之法，必辨喜怒哀乐。"一个人的七情六欲，喜怒哀乐都可以从声音中听出来。所谓"话由心生"，心境不同，发出的"声"也会有很大的不同。在人际交往中，我们时常会遭遇这样尴尬的场面：对方明明是一张笑脸，却转眼变成了黑脸。究其缘由，就在于我们没能适时听出对方的"弦外之音"。有时候，语言的交流相当于一场没有硝烟的战争，彼此都是心照不宣，但为了保持一种良好的风度，却又不敢直接表露出来。于是，那些看似平静的言辞之中，往往隐藏着刺儿。如果你稍有不慎，就会被对方的弦外之音所伤害，使自己处于一个被动的境地。所以，与人交往，我们要留意对方的声音，学会听懂对方的"弦外之音"。

当吕不韦命人编撰好了《吕氏春秋》，他召集了包括李斯在内的很多人举行了一次盛大的聚会。在一片笑容之海中，吕不韦面带笑容，慷慨言道："东方六国，兵强不如我秦，法治不如我秦，民富不如我秦，而素以文化轻视我秦，讥笑我秦为弃礼义而上首功之国。本相自执政以来，无日不深引为恨。今《吕氏春秋》编成，驰传诸侯，广布天下，看东方六国还有何话说。"字字掷地有声，百官齐声喝彩。

之后，吕不韦召士人出来答谢，吕不韦也坦然承认，这些士人是《吕氏春秋》的真正作者。李斯发现那些士人精神饱满，神态倨傲，浑不以满殿的高官贵爵为意。在他们身上，似乎有着直挺的脊梁，血性的张狂。当时的《吕氏春秋》中记载："当理不避其难，临患忘利，遗生行义，视死如归。""国君不得而友，天子不得而臣。大者定天下，其次定一国。""义不臣乎天子，不友乎诸侯，得意则不惭为人君，不得意则不肯为人臣。"

李斯看着那些强悍的将士，聪明的他猜出了吕不韦的弦外之音："哪怕有一天我吕不韦失去了天下，但是只要有这些英勇的将士，谁也别想轻视我。如果你想和我作对，还是需要好好考虑再作打算吧。"于是，李斯当即陷入了沉默，不再言语。

在这里，吕不韦虽然是笑容满面，而声音也很正常，但从那平稳的语调中，却透露出一种胁迫的力量。

1. "温柔"的反击

当女记者对丘吉尔说："如果我是您的妻子，我会在您的咖啡里下毒药的。"丘吉尔温柔地看着她说："如果我是你的丈夫，我就会毫不犹豫地把它喝下去！"在这里，丘吉尔的声音里一点也没表现出生气的情绪，反而是温柔地告诉对方自己心中所想。

有时候，在与他人的语言交流中，如果我们在言语上触碰了对方的伤痛，这时，对方还是以平静而温柔的声音回答我们，我们就应该留意了，对方话里是否藏有"利剑"。当然，并不是指所有温柔、平静的声音里都藏有弦外之音，话中是否还有别的意思，这需要我们根据语言交流的进程来猜测。

2. 犀利的语调

有的人不善于隐藏自己的情绪，一旦被话语击中，他会毫不犹豫地进行反击。这时，对方心中愤怒的情绪已经反映在其犀利的语调中了。如果是面对言辞犀利的对手，我们不妨采用一些方法进行回击。

当然，这也需要掌握一些语言上的技巧，或者是话里有话地答复对方，或者是以自嘲的方式来使自己摆脱困境。你在措辞的时候，一定要注意即便是回击也要不着痕迹，不要伤害到对方，在对方面前，你应该保持一个对手应该有的胸怀和气度。

《南史·范晔传》："吾于音乐，听功不及自挥，但所精非雅声为可恨，然至于一绝处，亦复何异邪。其中体趣，言之不可尽。弦外之意，虚响之音，不知所从而来。"通常情况下，那些隐藏在话语里的"弦外之音"是不会轻易地被发现的，它只是在话语里间接地透露出来，而不是清晰地表达出来，它有可能隐藏在语调里，有可能藏在音色里。这就需要我们在与对方进行语言交流时，仔细揣摩出话语里的弦外之音，才能清楚对方想表达的真实意图是什么。

从语气中体会他人心情的变化

生活中，人们常说："祸从口出"，祸端来自语言，这句话是要告诫我们做人做事一定要谨言慎行，不可毫无顾忌地说话。但从这句话中，我们还应该得出的一点结论是，与人打交道，要想看清别人，就可以从对方的语言着手，当然，大部分时候，人们是不会直接表明自己的想法和情绪的，这一点，需要我们自己感知。犯罪心理学家认为，从语气能感受他人的想法和情绪。的确，任何一句话，都是带有感情的，因此，就产生了语气。一个人的心情如何，通常都体现在语气中。

我们发现，那些侧写师们，也都是会察言观色的人，是不会只听罪犯表面话语的，而是懂得观察罪犯情绪的波动，只有这样，才能对症下药，采取正确的破案方式。

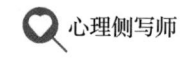

语言是内在最好的表现，是表达心声的最佳武器，而语气则具有隐性的特点，因此，一般我们在与人交际的过程中，要学会观察对方的语气。假如，对方说话高高在上，那么他必定是个得意之人，这样的人，你需要小心说话，以免生事端；假如对方说话轻声细语，那么他就是个性格温柔之人，但也可能绵里藏刀，这样的人你更要提防；也有一些人说话大声爽朗，他们的性格和他们的声音一样，为人开朗大方；而更有一些人，他们说话诚恳，不矫揉造作，这样的人，他们谦虚有礼、平易近人，这样的人，才能获得别人的诚心相待。

一般来说，一个人的感情或意见，都在说话语气里表现得清清楚楚，只要仔细揣摩，即使是弦外之音也能从说话的帘幕下逐渐透露出来。

那么如何从语气中体会他人的心情变化呢？

1. 留意语速变化，就抓住了他的内心变化

如果一个平常说话慢慢悠悠、从不着急的人说话突然加快时，那么很可能是对方说了一些对他十分不利并且是无端诽谤的话，语速的加快表达了他内心的不满、着急和委屈；而相反，如果语速减慢的话，则很可能是对方触及了他的一些短处、弱点甚至是错误，要不就是他有事瞒着对方。语速的减慢反映了他底气不足、心虚、卑怯的内心状态。

2. 声调的提高，并不一定是有理

音调的变化，语气的改变能体现一个人内心的动荡，反映出一个人真实的一面。理直才能气壮，为了引起你的重视，他往往会提高声调。对此，你可以这样说："是的，我也认为……"

3. 沉默寡言的人变得健谈，是因为心里有"鬼"

突然由沉默寡言变得健谈的人，往往是刚遇到了一些不愿意别人提及的事情，也就是心里有"鬼"。对此，我们要识趣，我们可以这样说："对了，我想起一个问题……"这样，就能顺利把话题引开，把对方的思维引向别处。

生活中，我们能从别人的声音和语调来看出一个人的人格、品性以及他在与你交谈的时候的情绪等，当我们得知这些以后，就能更深入地了解应酬对象，从而方便我们轻松自如地做出正确的应酬决策。

第6章

识破谎言，了解撒谎时的微动作

心理学家认为，很多时候，一个人的行为也是可以伪装的，不过其心理却是异常真实的。在生活中，我们要善于识别人心，可以利用细微表情或动作来观察对方的一举一动，按照这些判断对方言语背后的真正心理，然后判断对方是否在撒谎。

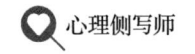

撒谎者的微反应特征

犯罪心理学认为，一般来说，狡猾的罪犯都善于掩饰和隐藏自己，而其实，只要他们作案，就会留下蛛丝马迹，而这也是侧写师协助破案的突破点。同样，生活中，只要我们细心地观察，对于那些说谎者，我们也能通过对方的言行举止发现谎言的秘密。因为，即便是非常狡猾的说谎者，他也会出现"百密而有一疏"的情况。通常情况下，说谎者不外乎把自己的谎言掩藏在言行举止中，只要掌握一些如何辨别谎言的技巧，我们就会清楚地判断出对手是否在说谎。在谈判过程中，我们的对手往往将自己的真实内心包裹起来，而呈现在我们面前的是一张虚假的面具，甚至，即使他嘴里说着谎言的时候，如果我们不仔细观察，也很难察觉。

那么，说谎者经常用到的掩饰方式有哪些呢？下面心理学家就简单地介绍几种说谎者常用的方式，以此来看穿对手的谎言。

1. 撒谎的人喜欢触摸自己

心理学家发现，那些说谎者在撒谎时会下意识地抚摸

第6章
识破谎言，了解撒谎时的微动作

自己身体的某些部分，其实，说谎者在撒谎时越是想掩饰自己的内心，却越是因为这些细微的动作而暴露无遗。当我们对那些说谎者进行仔细观察之后，我们会发现，他们在撒谎时会借助一些身体语言，例如，触摸自己或身上的衣物，掩口、摸鼻子，或者不断地拉扯自己的衣角，等等。

掩口：说谎者为什么会想要捂住自己的嘴巴呢？其实，这是由于说谎者的大脑潜意识里不想说那些骗人的话而导致的下意识动作，如此细微的举动可谓是"欲盖弥彰"。另外，当你在谈论某些事情的时候，对方却捂住了嘴巴，这表示着他对你所说的并不感兴趣，只是不愿意当面表现出来而已。

摸鼻子：有的说谎者在撒谎时会摸自己的鼻子，有可能他们本来是想捂住自己的嘴巴，但觉得这样的举止不太合适，通常就会在鼻子上摸几下，以此来掩饰自己捂嘴的动作，其目的就是掩饰自己在撒谎。不过，并不是所有摸鼻子的人都在撒谎，一般而言，说谎者触摸鼻子的时间很短，而且，力度很轻。

拉扯自己的衣角：通常情况下，人们说谎会引起心理上的不平衡，如此，就会导致交感神经功能的微妙变化。在那一瞬间，他们会下意识地拉扯一下自己的衣领或者衣角。这时候，如果你细心地观察，就会发现对方的情绪处于十分紧张的状态，随时都有可能会爆发出来。

2. 虚假的笑容

在说谎的时候，那虚假的笑容就成为最好的伪装面具。有可能我们的对手在撒谎，那么，我们可以通过对手的笑容来判断其心里的真实想法，因为说谎者脸上所挂的始终是虚假的笑容，他们的笑容没有办法牵动眼部的肌肉。

3. 表情的闪现

一般情况下，每个人维持一个正常的表情会有几秒钟的时间，它所呈现在脸上的时间既不会太长也不会太短。而对于一个说谎者来说，在他们伪装的脸上，真实的感情只会停留极短的时间。而且，大部分的说谎者会把自己伪装的面部表情维持或短或长的时间，一般而言，任何一种表情如果持续的时间超过了10秒或5秒，大部分都可能是假的。有的人会极力掩饰自己愤怒的表情，他们尽量使自己的表情呈现出一种相对稳定的状态，比如面无表情；而有的人则恰好相反，他们会使自己伪装出来的表情长时间出现，比如在整个谈判过程中都挂着虚假的笑容。

4. 脸色发红

面部是人们最为直接的身体部位，也是最容易暴露的部分，它是人们传递情感信息最重要的部分。有的人在说谎时脸色会发红，如果有人将他的谎言识破了，他会显得更加紧张，甚至，会导致面部充血，使面部皮肤呈红色。

犯罪心理学家提醒我们，那些善于伪装的说谎者除了上面介绍的几种方式外，还有一些其他表现，比如平时沉默寡言，突然变得口若悬河；在谈话过程中露出惊恐的表情却强作镇定；说话时闪烁其词，口误比较多；对你所怀疑的问题，过多地一味辩解，装出很诚实的样子；精神恍惚，不敢与你目光接触。在交流过程中，只要你能够细心地观察对方的言行举止，就很容易判断出对方是否在说谎。

摸鼻子是撒谎者的典型微动作

人的鼻子有没有身体语言，学者们看法不一，有人说有，有人说没有。在人的五官中，鼻子和耳朵是最缺乏活动的部位。因此，很难从观察静态的鼻子读出对方的心理。但是鼻子也有自己的"语言"，美国芝加哥的嗅觉与味觉治疗与研究基金会的科学家们发现，当人们在撒谎的时候，一种名为儿茶酚胺的化学物质就会被释放出来，从而引起鼻腔内部的细胞肿胀。科学家还通过可以显示身体内部血液流量的特殊成像仪器，揭示血压也会因为撒谎而上

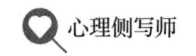

升。也就是说，一般情况下，那些喜欢撒谎的人都喜欢摸鼻子。

西班牙研究者发现，人说谎时脸部会变红，鼻子会发热，甚至还会有一点膨胀。说谎者会觉得鼻子不舒服，不经意地触摸它。说谎者的回答还会变得简短，伴有摆弄手指、下意识地抚摸身体某一部位等细微动作。

这是一个妻子看完美剧《别对我撒谎》后的描述：

这是我看过的最有意思的一部美剧，在看完它之后，我开始用电视剧里提到的各种方法来分析我老公说话时的动作和语气等，以此来探知他是否在对我撒谎。我记得上周五，那天傍晚，他打电话回家说要加班，我听出来他说话的语气不对，这分明是在撒谎，语气里闪烁其词。可是，我装作不知道，我要看看他有什么可隐瞒的。

于是，我准备给他来个突然袭击，便来到他单位楼下等他，他出来后，我就继续跟踪他，我发现，他原来是跟他的那些酒肉朋友去聚会了，他瞒着我，大概是知道我不喜欢那些人吧。晚上他回到家，我假装什么都不知道，拉着他的手问他："今天是不是很辛苦？工作完成了吗？"他摸了摸自己的鼻子，说："我努力工作都是为了让你过上更好的生活，不辛苦。"

这位女士是大度的，对于生活中丈夫的一些无伤大雅的谎言并不在意。不过若是在原则性问题上撒谎，你就要判断是否要采取进一步的措施了。

可见，观察是否摸鼻子确实是一个有效地辅助我们鉴定对方是否说谎的手段，当然，我们不能就因此断定什么。要记住这样一个规则：单纯的鼻子发痒往往只会引发人们反复摩擦鼻子这个单一的手势，而与人们整个对话的内容、频率和节奏没有任何关联；但如果这之间存在某种联系，你就必须对他的谈话内容加以警惕了。

笑容越复杂，越是有猫腻

在人的所有表情中，最常见的一种表情应该是"笑容"。在人际交往中，人们对于微笑是最没有抵抗力的。但是，谁能知晓，在笑容的背后或许是另外一张脸呢？笑容也是分为很多种的，心理学家通过仔细观察，发现人们的笑容有很多种，如微笑、轻笑、大笑、羞涩的笑等。微笑是指不露出牙齿的笑容，这是一种会心的笑法，有默契的暗示或者表示出事不关己的态度。通常情况下，微笑都是一个比较善意的表情；轻笑的时候露出了上牙，嘴唇稍微裂开，这样的

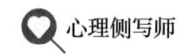

笑容一般出现在招呼新朋友的时候，作为打招呼的一种；大笑通常是人们非常开心的时候所展示的，上下门牙全都露出来，并且发出了爽朗的笑声；人们在显得不好意思的时候，就会轻抿小嘴，露出一个羞涩的笑容。当然，这些微笑都是不具备杀伤力的，在这里，我们所需要讨论的是另外一些隐藏着秘密的笑容。

然而，心理学家告诉我们，笑容也分真假。笑容所反映的是一种真实的情绪，产生于可以拉动嘴角向上的面颊肌肉。笑容出现的时候，面颊会朝上扬，眼睛下皮肤会垂下，眼角会出现鱼尾纹，眉毛会下降。而且，真实的笑容所持续的时间只能是2~4秒。这才是最真实的笑容，如果不出现这样的面部表情，那只能证明笑容是虚假的。那些虚假的笑容，或者不是发自内心的微笑，在它们的背后都隐藏着不可告人的秘密。有的人是笑里藏刀，有的人是在撒谎，有的人是企图以虚假的笑容掩盖真实的内心。

下面，心理学家就来揭开人们那些笑容的假面具，分析其真实的心理动机。

1. 笑里藏刀

心理学家告诉朋友们，千万不要以为那些喜欢笑里藏刀的人，就是"整天低着头""不敢去正视别人的眼睛""目光畏缩隐藏"。其实，并不是这样，现在很多笑里藏刀的人都已经脸皮厚到不会轻易心虚了。

但他们还是有一些特征的,主要表现在面部表情上面。比如,笑起来的时候,显得不够放松,举止轻浮,言语中有一些不检点的成分;眼光虽然看似真诚,却四处游离,没有办法长期定位;他们唯恐自己的话语中有漏洞,一不小心说错话,因此他们所说的话都是经过大脑认真思考的。

2. 皮笑肉不笑

有的人的笑容显得很假,皮笑肉不笑,他们的笑容并不是发自内心的,而是作出来的。这样的笑容一般出现在一些老谋深算的高层人士脸上,他们大多比较有心机,做事也显得很沉稳。

3. 憎恨时的笑容

有时候,人们在愤怒或憎恨的时候同样会微笑。那是因为他不想把内心的欲望或想法暴露出来,就强力克制住自己愤怒的情绪,勉强露出一个微笑。在与人相处的时候,如果轻易地流露出愤怒、憎恨、悲哀以及恐怖等神情,很容易招来很多麻烦,影响人际交往。所以,很多人都是通过微笑来压抑负面的感情,表现出喜悦和愉快的神情。

4. 说谎的笑容

心理学家认为,说谎者常常是戴着虚伪的面具,因此他们的笑容也是虚假的,他们会利用自己伪善的笑容来掩饰

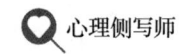

自己的谎言。美国匹兹堡大学的心理学教授杰夫里·考恩认为，"我们可以说出每块肌肉动了多少次，它们停留多长时间才变化的，对方的表现是真实还是伪装的"。无论你面对的人是在撒谎还是心虚，你都可以通过对方的笑容来判断对方心里的真实想法，因为说话者虚伪的微笑在几秒钟就能戳穿他们的谎言。

心理学家告诉我们，真正的微笑是均匀的，它们在面部的两边是对称的，它来得快，但消失得慢，因为它还牵扯了从鼻子到嘴角的皱纹，以及眼睛周围的笑纹。而那些说谎者伪装的笑容则来得比较慢，而且它们出现在面部时是有些轻微的不均衡的，当一侧不是太真实时，另一侧想做出积极的反应，而眼部肌肉没有被充分调动。这一点我们可以通过观看电影或电视来发现，那些电影中的坏人经常露出的笑容是既冰冷又恶毒的，所以他们的笑容永远到不了眼部。

人在撒谎时会做什么

心理学家认为，说谎是人的天性，不过是后天出现的，尽管有时说谎并非恶意，也有善意的，也有不得已的，不过大凡是说谎的人都有一种心理。几乎所有喜欢撒谎的人都需要思考怎么样让自己的谎言不被揭穿，而这种心态就会染上一种保护色彩，希望自己能够快速地实现。不过，假如一旦被揭穿露馅了，那说谎者就会感到自卑，没有脸面，同时对周围的环境感到恐惧和焦虑。

然而，那些喜欢撒谎的人，他们的心里到底是一种什么样的想法呢？

1. 撒谎者的身体微反应

心理学家认为，当人的大脑受到外界的各种诱惑，就会短暂地出现偏离轨道的行为，且控制着诚实的身体去做一些违背自己意愿的行为。这些行为就是撒谎导致的，所以可以说，说谎者的身体微反应可以直接体现出撒谎者的心理：由于是不自主的生理、心理反应，而这些反应很自然地通过其体态语言暴露出来，比如小偷拿了别人的钱财肯定会通过急速逃离等各种行为掩饰自己的偷窃行为。

2. 撒谎只是为了保护自己的利益

这个社会比较现实，有些人为了生存，为了自己的某些个人利益，而走了弯路，这时只有撒谎，利用撒谎来躲避这个社会的各种压力以及束缚。简言之，撒谎就是为了逃避社会现实。

现代人的心理越来越复杂，比如他们在就业、学业、家庭中会遇到各种各样的事情，为了暂时地脱离这种影子，人们需要幻想来暂时地安慰自己，那就是逃避现实。这样的心态会在撒谎时不断地暗示自己幻想中的那些美好记忆，不断地暗示自己一定要坚信自己所说的话，最后形成了撒谎的癖好。

3.源于一种心理障碍

在生活中，有一些具有精神分裂的人，比如精神错乱、幻听、幻视等，他们所说的语言、表达的行为是比较恣意妄为的，这与那些正常的撒谎者是不一样的。这样的人心里实际上没有什么杂念，喜欢想到什么就说什么，夸夸其谈，总喜欢吹嘘自己，而他们在大脑潜意识里根本没有撒谎的概念。他们撒谎，只是一种精神疾病，一种心理障碍。这样的人心是虚的，表现得却是镇定自若，十分坦然。

心理学家认为，一个人在说谎的时候除了会做出各种各样的小动作加以掩饰外，还有一种情况是我们不曾料到的，那就是大部分撒谎者都会是一副正襟危坐、大义凛然的模样。实际上，这是不难解释的，这表示撒谎者比平时更加注意思考，想寻找一个圆谎的万全之计。而在平时的生活中，当一个人在思考的时候，往往会尽可能减少肢体活动，集中精力地思考问题。

侧写师在长期的实践中得知，假如我们需要知道对方是否在撒谎，那就不露声色地旁观。所谓"旁观者清"，就是说我们需要站在旁观者的立场上，平心静气，比较客观、准确地，多角度、全方位地观察。因为一个善于撒谎的人只有在没有戒备心理，不以取悦的心态进行乔装打扮时，所展现出来的才是较为真实的自己。

当然，旁观法还需要面对面地直接观察，这样才能做到正面接触，通过直接"交锋"而获取对方的认识，假如观察对方只停留在表象上，一些本质的东西往往就难以准确把握。

撒谎者的笑容有何不同

笑是人们生活中用得最多的表情之一，因为生活中不能没有笑声，没有笑，人们就容易患病。然而，那些形形色色的笑容并不都是发自内心的。嘴角上翘、眼睛眯起、露出笑容，在这些常态的笑容背后，到底映射着什么样的心理活动呢？在微笑中，我们如何才能看穿对方的真话与谎言呢？

人们在撒谎时为什么会露出笑容呢？或者说，为什么会借助笑容来掩饰自己呢？当人们在说谎的时候，第一感觉就是不要被人发现，因为撒谎本身对别人而言是有欺骗性的，但如何才能掩盖自己那些不小心露出的微表情呢？答案是笑容，也只有笑容才能掩盖那些微表情，在人们看来，笑容是毫无威胁性的，如果自己在撒谎时露出笑容，那不仅可以骗到对方，而且还能够让对方对自己产生好感。所以，在生活中，我们不要总认为笑容都是善意的，而是需要读懂笑容背后的秘密，比如，有的笑容是用来掩盖谎言的。

早上，小张上班时在电梯里碰到了经理秘书小雯。小张想起了昨天的考核，心想，经理的秘书肯定知道结果，不妨问问她，自己心里也好有个底。

于是，小张打了个招呼："早啊。"小雯礼貌地回应："早。"小张接着说："这两天很忙吧。"小雯回答说："是的，你们最近正在考核，好多资料都需要收集，所以每天还得加班。"听到这样的回答，小张高兴极了，没准她真的知道考核的结果呢。接着，小张有些兴奋地问："那你肯定知道考核结果了，你知道我的情况怎么样吗？先给我透露透露，我也好放下心。"小雯笑了："你们的考核结果是机密，这样的事情我肯定不知道了，我只是负责收集资料。"小张有些泄气："肯定是你自己不想说。"小雯笑了，回答说："我还真的不知道。"

电梯到了，一脸抑郁的小张走了出去，紧接着小雯也走了出来。出了电梯，小雯舒了一口气："真危险，再说，我

第6章
识破谎言，了解撒谎时的微动作

可要露出破绽了。"原来，小雯知道考核的一些事情，但这个事情是经理再三交代的，不等总的结果出来，不能随意泄露。为了守住这个秘密，小雯只好假装一副笑脸，在小张面前撒谎了。

当人们想要撒谎的时候，他们会想着找一个很好的掩饰物，这样自己在撒谎时才能镇定自若。而在上面这个案例中，小雯所借助的就是一张笑脸。当她在微笑的时候，潜意识里告诉自己：我只是在微笑，我并没有撒谎。以至于自己真的撒谎了，她也会觉得自己没有撒谎，于是乎，撒谎变成了一件极其正常的事情，她就不容易露出破绽了。

有人说，所谓的日本式微笑，也就是职业性的微笑，皮笑肉不笑，这不是发自内心的笑。众所周知，日本人喜欢微笑，微笑几乎已经成为日本人礼仪中不可或缺的部分。有很多旅行日本或者到日本旅游的游客深有感触，比如在街头问路，不管是男女老少都会微笑着给你指点方向，如果是到商店买东西，即便你只买了一个面包，售货员也会微笑着跟你说："多谢，欢迎你下次再来。"

对于如此普遍的"微笑"服务，有心理专家却称"这是典型的假笑"。

假笑，顾名思义，也就是与情绪不一致的表情，这表示当事人在撒谎。那么,通过对方所露出的微笑,我们怎么知道对方是在撒谎还是在说真话呢?对此,心理学家将为我们揭开这神秘的面纱。

1. 真笑的表情呈现

心理学家认为,真正的笑容是嘴角上翘、眼睛眯起,这时面部主管笑容的颧骨主肌和环绕眼睛的眼轮匝肌同时收缩。这是因为真心露出的笑容是自发产生的,不受大脑控制。因此,除了反射性地翘起嘴角外,大脑负责处理情感的中枢还会自动指挥眼轮匝肌收缩,这样使得眼睛变得很小,眼角自然产生了皱纹,同时,眉毛也会倾斜。

2. 假笑的表情呈现

心理学家提醒朋友们,虚假的笑容是通过有意识地收缩脸部肌肉、咧开嘴,抬高嘴角产生。这时,眼轮匝肌不会收缩,因为眼部肌肉不受人的意识支配,只有真的情绪出现时才会发生变化。当然,在生活中,有的人假笑很夸张,他的面部肌肉会收缩,整个脸挤成一团,给人造成一种眼睛眯起来的假象。不过,这时如果你仔细观察,就会发现其眼角的皱纹以及倾斜的眉毛是没办法伪装的。

3. 真笑与假笑的区别:眼睛和嘴巴

心理学家认为,在谎言快要被揭穿的时候,人们会习惯性地选择以微笑来蒙混过关。同时,还会出现这样的现象,当一个人在撒谎的时候,他的笑容是特别多的,原因在于撒谎者的内心很不安,他希望凭借微笑来缓和自己的紧张情绪,当然,这种虚假的笑容会掩饰自己的谎言,以及达到套近乎、笼络对方的目的。

真笑与假笑的区别在于:正常的笑容,通常都是先从微笑开始的,然后慢慢带动眼睛。虚假的笑容,嘴巴和眼睛则是同时动作,或者是嘴笑眼不笑的表情。

美国加州大学心理学家保罗·埃克曼教授和肯塔基州大学的华莱士·V.法尔森教授经过多年研究,设计出一套识别面部表情的编码系统,能够成功破解人们的真实表情,包括真笑和假笑。大量实验证明,内心喜悦所产生的自发笑容,与故意收缩面部肌肉所引起的假笑是不一样的。

第7章

巧"手"能言：了解小小手部动作隐藏的秘密

生活中，经常有一些事是人们不愿说出来的，在相互的猜测中，你是否因为不能正确理解周围人的感受而使彼此受到伤害呢？其实，能帮助我们洞察人心的方法有很多，其中从人的手指这一部位入手，分析人的手部动作传达的一些秘密，也能帮助你找到隐藏在肢体动作中的潜台词。就算我们嘴上的花言巧语再多，手都会不知不觉泄露撒谎者的秘密，因为手部动作不像面部表情经常会加以伪装。

心理侧写师

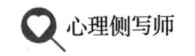

小小手势中暗藏的心理密码

在人类的各种肢体语言中,手势的动作幅度是最大的,同时,方式也更加多样和灵活。在人类的进化过程中,双手是劳动不可或缺的关键部位,因此发挥了至关重要的作用,推动了人类的进化历程。我们都知道,一个人的语言可能会欺骗你,但是他的身体语言不会。人们可以在语言上伪装自己,但身体语言却经常会"出卖"他们。因此,解译人们的手部语言密码,可以更准确地认识他人。

有一位警察在多年的办案中,发现这样一个有趣的手部动作:当他向嫌疑人询问情况时,嫌疑人一开始都会为自己作强有力的申诉,并不时用尖塔式手势加以强调,而一旦谎言被揭穿后,嫌疑人便会立即把拇指伸进口袋,以掩饰内心的惶恐和不安。

可见,手部的动作可以在一定程度上反映人物的心理活动。我们来看下面一个故事:

青青在一家民营企业工作,她在大学学的是心理学,

第7章
巧"手"能言：了解小小手部动作隐藏的秘密

对人的心理颇有研究，为此，公司让她全权负责对外谈判业务。

最近，公司正在与一家大型外企接洽，能否做成这单生意关系到公司下半年的经济效益，为此，老总给青青下了死命令，务必顺利拿下订单。

经过一系列的准备后，青青带着项目书亲自到外企拜访，进行深入沟通，以使项目设计更加完美。在交谈的过程中，青青看到对方负责人拿出了一张A4纸，上面密密麻麻地写满了对项目的意见、建议以及不满意的地方。不知不觉之间，对方负责人还把双手交叉放在了胸前，脸上写满了质疑。见此情景，虽然对方负责人并没有明确说什么，但是青青马上拿出了十二分的精神，停止了解释，开始一项一项地按照客户的意见完善方案，即使觉得客户的方案不好，她也没有反驳，而是有理有据地把自己的设计方案为客户演示了一遍。在青青专业、敬业、耐心、真诚的演示下，客户的双臂渐渐地放了下来，投入了与青青的讨论之中。至此，青青才松了一口气。最终，她顺利地为公司签下了这个大订单。

这个职场故事中，我们发现，青青是聪明的，在她看到客户把双手交叉放在胸前时，就立即意识到这是客户想拒绝和否定的意思，于是，她及时调整策略，成功地打开了客户

123

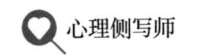

的心扉，最终才能顺利签约。相反，假使她看不懂客户的手势语言，而是选择一味地解释，那么，客户肯定会认为她是在强词夺理，从而更加反感她。由此可见，小小的手势也暗藏着玄机。

可见，手势语言能够生动地反映人物的内心世界。如果能够详细了解这些手势的含义，就能帮助你更加顺利地洞悉他人内心。例如，在现实生活中，很多时候，人们都会摩擦手掌，因为摩擦手掌代表着丰富的含义，适用于各种情境。摩擦手掌的时候，速度不同，反映的心理状态也不同。摩擦得慢，表明犹豫不决；摩擦得快，表明满怀期待。

我们在与人交流沟通时，即使不说话，也可以凭借对方的手势来探索他内心的秘密，通常情况下，我们可以做出以下总结：

1. 如果对方有以下动作，表明他可能在说谎

（1）当你与对方交谈的时候，你发现他有这样的动作：不时地拉衣领，说明其心虚。此时，你可以这样试探他："请你再说一遍，好吗？"如果对方支支吾吾，前言不搭后语，则对方极有可能在说谎。

（2）如果一个人说话时下意识地用手遮嘴或摸鼻子，则代表其有说谎的嫌疑。

2. 如果对方出现以下动作，表明他对你所说之话抱有消极的态度

（1）当你兴致勃勃地表达自己的观点时，对方却不时地抓耳朵，表明他对你的话已经不耐烦了，他希望你中止话题，也可能他希望你能给他一个表达的机会。

（2）如果与你交谈的是一个群体，当你说话时，他们多次出现了交叉双臂或用手遮嘴的动作，则表示他们根本不相信你的话。

（3）说话时用手搔脖子，表示人们对所面对的事情有所怀疑或不肯定。

3. 为了获得他人的信任，产生积极的谈话效应，我们可以尽量做出以下动作

（1）说话时，尽量手心朝上，因为这一动作所传达的信息是：我是坦诚的、不说谎的。

（2）摊开手掌以赢得他人的信任，但如果这是你的习惯性动作，那么，就不灵了；

（3）握手时掌心向上，并垂直与对方握手，能表明你性格温顺，为人谦虚恭顺，愿以彼此平等的地位相交。

可见，我们与人交往的过程中，如果能掌握一些手势信号的话，就可以查看出对方的内心活动，从而来判断他的用意、心思，这远比语言更具真实性！

心理侧写师

交谈时用手指抚摸颈部是撒谎的表现

我们都知道，相对来说，人的手部产生的动作比身体其他部位要多得多，很多时候，即使我们没什么事情要做，手也会不自觉地动起来，其实，正是这些不经意的小动作暴露了人们内心的想法。可能你也曾发现，你在与某个人交谈的时候，他的手指会不断地抚摸脖子，这个动作在告诉我们什么信息呢？我们不妨先来看下面一个故事：

小张是一名机械设备推销员，最近，她与一位要批量购买产品的客户已经进行过多次洽谈，对方也派技术人员来验过货，可就是迟迟不愿成交，小张心想：如果再不主动出击，时间消耗得越久，客户购买的可能性越小。于是，小张决定主动打消客户的顾虑，这天，小张来到客户的公司。

见到对方负责人郑经理以后，她立即热情地说："郑经理，您知道的，对于这一型号的设备，我们公司的产品是一流的，您现在考虑得怎么样了？"

"嗯，是吧……"对方冷冷地说道。小张注意到，对方在说这句话的时候，做了一个下意识的动作，用手指轻轻地抚摸了几次颈部，小张明白，郑经理虽然嘴上认可自己的话，但内心肯定对这一点还是很有顾虑的，于是，就产品性能问题，小张继续说："我能理解您的想法，虽然我向您保证我们公司的产品性能属于业界一流，估计您也向同行打听过，不过在您没有亲眼见到我们公司的规模和生产状况前，存在这种担心和顾虑是人之常情，为公司采购需要认真、负责，不能出半点纰漏，不然会影响到公司的运营。"小张语重心长地说。

"是啊，真难得你能理解我的想法……"

"对于我们公司的设备，您大可以放心。您也派技术人员来试用过，我想知道您还担心哪些方面的问题呢？"

客户说道："其实我们急需一批这样的产品，对于你们公司本身的生产能力及产品质量我已经没有什么可顾虑的了，不过我担心的是你们能否在合同签订的15天之内就将产品全部发到指定地点。"

听到客户这样说，小张马上说："原来您担心的是这个啊，您稍等，我马上打电话让秘书为您传真一份资料。"

一分钟后，小张对客户说："我给您传真的是我们公司专门针对紧急要货的客户制订的'快速订货通道'，通过'快速订货通道'，我们公司可以按照您的要求送货到指定地点，只要您能按照要求及时支付货款，到时候就可以凭单取货了……"

听到小张这样说，客户松了一口气，认真思考了一会儿

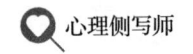

之后，他对小张说："那一会儿我们就把合同签了吧。"

  这里，我们发现，小张在和客户沟通时之所以能成功打消客户的疑虑，就是因为她懂得从客户的小动作探查客户的内心活动——表面上看，客户认同小张说的"这一型号的设备，我们公司的产品是最一流的"这句话，但实际上，他用手指抚摸颈部的动作已经出卖了他的真心，事实上，他对小张的话还是很怀疑的。于是，在接下来的沟通中，小张便围绕这一问题进行阐述，站在客户的角度，以几句真诚的话表达了对客户心情的理解，迅速拉近了与客户的心理距离，得到客户的信任之后，她再询问客户顾虑的原因就容易得多。

  的确，人际交往中，人们对于他人尤其是存在利益关系或陌生的人都是有一定的自我保护和防卫心理的，当我们提出某一观点和见解后，他们可能会表示认同，但实际上这与他们的内心并不一定相符。要看他们是否还心存戒心，我们不必直接问询，可以从他们手部的动作入手，正如故事中的客户一样，如果对方用手指抚摸颈部，那么，他很可能并不相信你的话，那么，此时，你应该做的是用真诚和事实打动对方，消除对方的顾虑，进而达到沟通目的。

第7章
巧"手"能言：了解小小手部动作隐藏的秘密

为什么有些人喜欢用手指拨弄头发

我们都知道，人的手部动作有很多种，不同的动作会传达出不同的心理信息。可能你曾有这样的疑问：在与你交谈的过程中，坐在你对面的对方总是喜欢用手指拨弄头发，这是习惯还是下意识动作？我们不能排除前者这一原因，但大部分情况下，人们之所以会有这样的手部动作，是因为他内心紧张，不断地拨弄头发，能帮助其缓解压力。如果你能看到这一细小的手部动作的背后含义，并做出具体的应对措施，能帮助你成为一位善解人意的人。

对此，我们不妨先来看下面的故事：

胡鑫攻读完心理学硕士研究生以后，被一家心理学机构高薪聘请，但缺乏实战经验的他被安排在最底层实习一个月，当然，这在情理之中。

有一天下午4点左右，他遇到一个麻烦的客户，很多问题他解决不了，大家都在忙，他想，去问主管吧，刚好可以交流一下。当他敲门进去的时候，主管正在看一本杂志。于是，胡鑫慢慢地把事情和领导说清楚，可是胡鑫却注意到了领导的一个动作：领导在听自己说话的时候不断地用手拨弄自己的头发，领导的头发很短，很明显，这不是头发乱了的原因。根据胡鑫曾经看过的心理学知识，他知道，领导大概是遇到了什么事情，有巨大的压力，再一看，领导办公桌上有一封信，并不是公司信件，胡鑫明白了，估计刚刚主管看杂志也是想让自己镇定下来，于是，为了不打扰主管，胡鑫找了个理由离开了办公室。出来办公室后，胡鑫问了主管秘书到底是怎么回事，原来是主管在美国的父亲突然病逝。

这天下班后，胡鑫并没有着急回家，而是等在公司大厅，后来，主管出来了，胡鑫拍了拍他的肩膀说："主管，您不要伤心了，走，我请您去喝一杯。"主管先是一惊，胡鑫是怎么知道的？但他还是答应了。那天晚上，半醉之下，主管跟胡鑫说了很多掏心窝子的话，尤其是父亲是怎么辛苦培育自己的。

那次之后，胡鑫便和主管在私下成了最铁的朋友。

毕竟是学心理学的，从领导的几个小动作中，胡鑫就看出了他有心事急需平静，便不再打扰，聪明的他很快又从秘书那里得知到底发生了什么事，然后他便充当了一个知心朋友的角色，领导就会感觉得到胡鑫的善解人意，关系自然会拉近。

从这个故事中，我们不难发现一点，人们的很多不经意的小动作其实并不是习惯使然，而是有一定的心理原因的。

第7章
巧"手"能言：了解小小手部动作隐藏的秘密

例如，拨弄头发就是心理解压的象征。当然，有同样含义的动作还有很多种，如拨弄外套上的纽扣，把餐巾纸折来折去。他也可能不断地变换坐姿，抖脚，手指头像弹钢琴般来回敲打桌面。

那么，此时，我们该怎么做呢？对此，你应该做的是让他分心，阻止他继续钻牛角尖。否则，压力就像滚雪球般越滚越大，切忌不断地逼问他到底发生了什么事。贴心的你可以将心不在焉的他拉回现实，邀他到公园散步、唱歌、跳舞、运动、看电影等，依赖另一种活动引起他的兴趣。在从事这些舒缓压力的活动时，一般来说，他是能从烦心事中抽离出来的，此时，他便极有可能将导致压力产生的原因告诉你，你们之间的关系必定会更进一步。故事中的胡鑫所选择的处理方式便是陪领导喝一杯，酒逢知己千杯少，几杯酒下肚，对方自然会对你掏心掏肺，内心的压力也就倾诉出来了。

当人们有不断用手指拨弄头发这样的一些肢体动作时，那么，排除一些其他因素的情况下，说明对方有一定的心理压力，我们应该做的是帮助对方从烦心事中解放出来，做个贴心的人，你的人际关系会越来越好。

十指交叉有什么心理含义

我们都知道，人的手是由手掌和手指组成的，不难想象，手指能产生更多的动作。在人际交往中，想必你会发现，不少人在交谈时有双手手指交叉的动作，这一动作是不经意的习惯还是暗藏了什么玄机呢？

实际上，当一个人十指交叉于身体的不同部位时，它所体现的情绪和心理都是不同的，学会通过手势解读对方内心的真实想法，对我们做事情来说是有百利而无一害的。

心理学家讲过这样一个故事：

布朗克是一名经验丰富的司法审讯人员，常被同事们开玩笑称为"神探布朗克"，有一次，他接到上级命令，要对一个巨大的跨国诈骗集团的头目进行审讯。

这名犯罪嫌疑人叫杰森，曾就读于国外一所名牌大学的金融系，还同时拿到了法律系的毕业证书，可以说是一个人才，他深谙如何钻法律空子挣钱。

刚开始，审讯工作很难进行，因为杰森确实太聪明了，他也很熟悉警方的办案程序和审讯程序。表面上看，无论布朗克问什么，他都很配合地回答，但他的答案简直滴水不漏。布朗克根本找不到任何破绽，他根本分不清杰森哪句

第7章
巧"手"能言：了解小小手部动作隐藏的秘密

话是真的，哪句话是假的。就这样，布朗克审讯了杰森好几天，布朗克为此很担忧，因为根据规定，如果扣留嫌疑人一定的时间内找不到证据，就必须要放人。布朗克告诉自己，决不能让这个犯罪分子逍遥法外。最后，倍感焦急的布朗克接受了他学心理学的妻子的一个建议——看对方的无声语言：手势。

后来，布朗克派人悄悄地在审讯室里装了几台摄像机，这样，他便能在审讯结束后看清楚杰森的一举一动。

果真，在看录像带的时候，布朗克发现，嫌疑人的手势发生了改变：在回答某些问题时，杰森的双手很自然地放在腿上一动不动。在回答另外一些问题的时候，虽然杰森的眼睛依然十分镇定、真诚地看着布朗克，回答的内容也没有任何破绽，但双手开始不自觉地做十指交叉状。布朗克以此为线索展开案件调查，终于把犯罪分子绳之以法。

也许直到锒铛入狱的那一天，犯罪分子也无法理解自己哪里出了纰漏。其实，帮助布朗克破案的关键就是"十指交叉"暗喻的心理，十指交叉是掩饰自己内心真实想法的外在表现。

的确，生活中，也许我们会经常做出十指交叉这一手势，我们会认为这是个不经意的动作，而实际上，这一动作

133

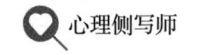

也是一个内心情绪的体现。

具体来说：

1. 十指交叉，双手紧握

此时说明对方已经开始自我否定了，他的内心是沮丧和消极的，如果你与他较量，那么，此时就是你一举拿下对方的最好时机。

2. 十指交叉，放在大腿上，并且伴有拇指指尖相顶

说明此人处于比较尴尬的境地，不知如何自处，或者是谈话内容让他感到进退两难。当对方出现这种手势的时候，我们不妨给出几个建议，让他进行选择。

3. 十指交叉，自然放置

说明对方此时心平气和，并且比较自信。此时，如果你希望对方接受你谈话的论点，那么，想必你要找出一些强有力的证明来了。

4. 十指交叉，一手手指抚摸另外一手

这一动作说明此人内心比较不安、焦虑，或者处于高压或怀疑的情况下，他这一动作是为了安慰自己的大脑，与他接触和谈话，你首先要做的是给对方信任感，让对方安稳下来，使其愿意接受你，对你敞开心扉。否则，双方沟通会很困难。

5. 十指交叉，眼睛平视对方

出现这种手势说明对方已经失去耐心，正在压抑内心的

不满。此时，应该把话语权交给对方，或者停止交谈，以免引起对方的反感。

6. 十指交叉，放在脸前

这是一个十分明显的敌对动作。当对方做这种动作的时候，就传达了"别说了，我不想听""我不相信你""我不认为这个可行""我想结束谈话"等消极情绪，此时也应该结束谈话。

7. 十指交叉，放在胸腹之间

说明此人已经在心里拒绝了你，即使你再强调自己的观点，对方也不可能再接受你，此时，你可以采取另外一些较为轻松的交流方式，比如先为对方送上一杯饮料。总之，要想办法让对方解除十指交叉的姿势。否则，他会拒绝你所有的想法和观点。

8. 十指交叉，双手拇指向上伸

说明此人此时对交谈的内容很感兴趣，并且对自己说的话十分有信心。

总的来说，十指交叉手势，手位置的高低与消极情绪的强弱有关，较高位置的十指交叉比较低位置的十指交叉更消极、更抵触。所以，当对方做出十指交叉手势时，不要再认为这是一个不经意的动作了。

第8章

身随心动：肢体也有自己的语言

心理学研究发现，我们生活中的每个人都有自己独特的一些肢体动作或生活习惯，它也能够反映一个人的内心世界和性格特点，同样，我们完全可以通过观察一些习惯性动作来读懂身边的人，比如，坐立行走姿态、睡觉的习惯、看电视的习惯、吃相醉态等。总而言之，一个人的肢体微动作都是他性格特征和真实情感的体现，我们可以从那些细枝末节来分析对方，判断对方，进而更好地读懂对方。

通过步态分析他人的内心变化

侧写师们告诉我们，人的性格、情绪、人品都溢于言表，再缜密的人也会有内心世界外露的时候。我们先来看下面的故事：

李晓有着周围人羡慕的职业——心理医生，但正是因为识人无数，让她左挑右选到了30岁还没有恋爱对象。在亲朋好友一次次的催促下，已经成为"剩女"的她也不得不加入相亲的队伍。

那天，在母亲和一群朋友的把关下，李晓决定在一家相当有品位的酒吧进行她人生的第一次相亲"活动"。李晓深知第一印象的重要性，于是，在一番精心打扮之后，她来到了酒吧。

当她在座位上等了一会儿后，就看到一个人从酒吧门口进来了，不过，她发现，此人是踩着小碎步走路的，走得很快，手臂姿势很呆板，很明显，深谙人心理的李晓明白，这是一个很保守的人，果然，接下来的谈话证实了李晓的猜测。"你已经30了？长那么漂亮为什么不结婚呢……"一连串的问题向李晓扑来，她真后悔没在看见他的姿势之前离开酒吧。

这个故事中，李晓就是通过相亲对象走路时迈着小碎步判断出对方是个保守、谨慎的人。

不得不承认的是，良好的走路姿态体现了一个人的修养。良好的步态，应该是自如、矫健、敏捷的。由于男女性别、性格的差别，男性的步伐要注意阳刚美，一般以大步为佳，步子重一些，显得稳重、沉着。女性的步伐要注意阴柔美，一般以碎步为佳，步子轻一些，显得轻盈、柔和。但无论男女，行走时都要注意昂首、挺胸、收腹、眼平视、肩要正、身要直、双肩自然下垂，两臂前后摆动自如协调。

当然，步态除了能显示自己的教养与风度外，也能表露出一个人的心理活动。法国心理学家简·布鲁西博士发现，人的性格与行动有着很大的关系。从一个人走路的姿势就可以推断出其当时的心理状态。具体来说：

（1）昂首阔步者：这类人走路的时候，总是大步向前，给人一种心高气傲的感觉；的确，这类人很有自信，有力量，但他们致命的弱点就是缺乏耐力和毅力，经常信誓旦旦地要做一件事，但一旦遇到什么困难，就很容易退缩。

（2）走路八字者：双足向内或向外勾，形成八字状，走起来用力而急躁，但是上半身却不左右摇摆。这种人不喜欢交际，头脑聪明，做起事来总是不动声色，但有的有守旧和虚伪的倾向。

（3）走路蹦蹦跳跳者：大多心情溢于言表。这类人总是有一颗童心，无论遇到什么事，都乐观向上；他们不会掩藏自己的情绪。一般来说，这类人较好相处。

（4）步伐急促者：不论是否有急事，都步履匆匆。这类人很明快且有效率，遇事不会推卸责任，精力充沛，喜欢面对各种挑战。

（5）上身微倾者：走路时上身向前微倾的人，个性平和内向，谦虚而含蓄，不会花言巧语；与人相处，表面上沉默冷漠，但却极重情义，一旦成为知交，至死不渝。

（6）走路斯斯文文者：双足平放，双手自然摆动，没有扭捏，走起来异常斯文。这种人多胆小、保守，缺乏远大理想，但遇事冷静沉着，不易发怒。

（7）走路不紧不慢、优哉游哉者，多无上进心：在这类人看来，任何事情都不能让他们加快步伐，他们总是不慌不忙的样子，对于现状也总是很满足。

（8）款款摇曳者：这类人多为女性，她们腰肢柔软，摇曳生姿，但是千万不要认为她们是放荡成性。因为她们中多数为人坦诚热情，心地善良，容易相处，在社交场合永远是中心人物，颇受欢迎。

（9）步履整齐，双手规则摆动型：这类人似军人一般，意志力很强，具有高度组织力，但偏于武断独裁，对生命及信念固执专注，不易为人所动，而且不惜任何牺牲去达到自己的目标与理想。

（10）步伐随便，没有什么固定的规律者：他们走路有时双手插进裤袋里，双肩紧缩，有时双手伸开，挺起胸膛。这种人乐观、大方、不拘小节，慷慨有义气，有创立事业的雄心。但有时会夸大、固执、不肯让人。

我们每个人走路都会有自己的特点，或许我们平常没有注意到，但这些特点确实存在。有人走路永远都是急匆匆的，而有人则永远都走不快，另外还有人走路是内八或者是外八。其实这些都是我们日常生活中的一些非常小的细节，但它里面却蕴含着奥妙，从某个方面讲，它可以看出一个人的性格。

心理侧写师

一个人的坐姿能彰显其内心

现实生活中，我们参与人际交往，很多时候都是面对面坐着交谈，坐这一看似静态的动作，其实也是我们察看他人心理活动的入口。我们先来看下面一个女孩相亲过程的自述：

我已经30岁了，周围的姐妹已经纷纷结婚了，无奈我不得不加入相亲的大潮中，我并不排斥这种结交异性的方式，也许真的能认识一个和自己很合适的人呢。在我相亲的经历中，有一个男士给我的印象很深刻，后来，我们成了很好的朋友。

那天，天下着雨，我比预约时间早到了20分钟，于是，我就选了咖啡厅靠窗的位置坐了下来，我在想，既然都下雨了，那人应该不会来了吧。但他居然踩着点来了，并且，很有礼貌地跟我打了招呼。他给我的第一印象非常不错，这样一个彬彬有礼的男士相信谁也不会讨厌。但接下来，我从他的身体语言中发现，他和我是同一类人。

他虽然块头不小，但在介绍完自己后，就蜷缩在沙发里，把双手夹在大腿中间，并且，无论我们聊什么，他好像都不大愿意更换自己的坐姿，我想那对于他来说应该是最舒服的。因为很明显，他是个自卑的人，而我想找个自信、能替我拿主意的人。后面的谈话证实了我的想法,除了刚开始见面时,他冲我微笑了一下外,后面,他就一直呆若木鸡。

为了使整个谈话的气氛不那么僵硬,我开始主动找话题,我发现,我们惊人的相似,我们都为自己瘦小的身材而感到自卑,都喜欢宅在家里,一到周末,宁愿自己在家做做点心、看看电视,也不愿意出去和朋友玩……

聊到最后,我们都发觉有点相见恨晚。

后来,我们再联系时,完全没有因为相亲失败而苦恼,相反,我们为交到一个好朋友而高兴。

古人云,物以类聚,性格相似的人很容易成为朋友,很明显,故事中的女主人公和她的相亲对象的结交经历就证明了这一点。她很清楚自己需要什么样的伴侣,在通过观察相亲对象的肢体语言——蜷缩在沙发里、把双手夹在大腿中间判断出对方和自己性格类似,她发现彼此更适合做朋友。

心理学家们研究和分析认为,通过一个人的坐姿,也可以了解他的性格和心理,并给出以下总结:

经常正襟危坐、目不斜视者:是力求完美,办事周密而讲究实际的人。这种人只做那些有把握的事,从不冒险行事，但他们却往往缺乏创新与灵活性。

爱侧身坐在椅子上的人：他们心里感觉舒畅，觉得没有必要给他人留下什么好印象。他们往往是感情外露、不拘小节者。

把身体尽力蜷缩在一起、双手夹在大腿中而坐的人：往往自卑感较重，谦逊而缺乏自信，大多属服从型性格。

敞开手脚而坐的人：可能具有主管一切的偏好，有指挥者的特质或支配型的性格，也可能是性格外向，不知天高地厚，不拘小节的人。女性若采用这种坐姿，还表明她们缺乏性的经验。

将一只脚别在另一只脚上而坐的人：一般是害羞、忸怩、胆怯和缺乏自信心的女性。

踝部交叉而坐的人：当男人显示这种姿态时，他们通常还将握起的双拳放在膝盖上，或用双手紧紧抓住椅子的扶手；而女性采用这种姿势时，通常在双脚相别的同时，双手会自然地放在膝盖上或将一只手压在另一只手上。大量研究表明，这是一种控制消极思维外流、控制感情、控制紧张情绪和恐惧心理、表示警惕或防范的人体姿势。

将椅子转过来、跨骑而坐的人：这是当人们面临语言威胁，对他人的讲话感到厌烦或想压下别人在谈话中的优势而做出的一种防护行为。有这种习惯的人，一般总想唯我独

第8章
身随心动：肢体也有自己的语言

尊，称王称霸。

在他人面前猛然而坐的人：表面上是一种随随便便、不大礼貌、不拘小节的样子，其实说明此人隐藏着不安，或有心事不愿告人，因此不自觉地用这个动作来掩饰自己的抑制心理。

坐在椅子上摇摆或抖动腿部或用脚尖拍打地板的人：说明其内心焦躁、不安、不耐烦，或为了摆脱某种紧张感而为之。

和你坐在一起而有意识挪动身体的人：说明他在心理上想要与你保持一定距离。并排而坐的两个人要比对着坐的两个人，在心理上更有共同感。

喜欢对着坐：比喜欢并排而坐的人更希望自己能被对方所理解。

斜躺在椅子上的人：比坐在他旁边的人具有心理上的优越感，或者处于高于对方的地位。

直挺着腰而坐的人：可能是表示对对方的恭顺之意，也可能表示被对方的言谈激起浓厚的兴趣，或者是欲向对方表示心理上的优势。

总之，一个人的坐姿，可以反映一个人惯常的性格特征和此时此刻的心理，观察他人的坐姿，能帮助我们更清晰地掌握人心。

> 心理侧写师

通过睡姿，探究他人心理

生活中，我们每个人，在经历了一天的工作和生活后，都会感到疲劳，此时，睡眠就是最好的休息方法。有人说，每个人的一生有三分之一的时间都是在睡眠中度过的。的确，在卧室、在床上，是我们最放松的时刻。也就是说，观察一个人的睡觉习惯，也能看出他最真实的一面。我们先来看下面的故事：

一直以来，小彤都很喜欢心理学，即便她大学读的不是这专业，但毕业后的她经常会自学一些心理学知识。最近，她报了一个心理学课程，在课上，老师告诉她，一个人的性格、心理可以在睡觉这一最放松的状态下得知。

这天下课回家后，小彤对爸妈说，希望他们能在自己睡着时给自己拍一段录像，这样就能看出自己的睡觉习惯，以便得知自己的性格、心理。

后来，小彤在看录像的时候，被自己的睡觉习惯吓了一跳——原来自己睡觉时很喜欢把脚放在床外面，根据老师教的心理学知识，这是工作、生活压力大的表现。是啊，工作这几年来，小彤一直在努力工作、不断地升职，不断地挑战自己，确实是累了，该好好休息了。

从小彤的经历中，我们可以看出，一个人的心理状态如何，可以从其睡觉习惯和姿势中看出来。

的确，每个人的睡觉习惯都不尽相同，有的人习惯平躺着睡，有的人习惯蜷缩着睡，有的人喜欢依床沿而睡，我们可以依据不同的睡觉习惯，判断出对方隐藏在心里的想法。而对于自己而言，我们在很多时候并不知道自己在睡觉时有什么特别的习惯，那么不妨问一问身边亲近的人，然后根据实际的性格对比一下。下面我们就介绍几种常见的睡觉习惯，以便你可以通过睡觉习惯对别人有个大致的观察和了解。

1. 有的人喜欢趴在床上睡觉

喜欢趴在床上睡觉的人是自信的，他们相信自己的学习能力和工作能力，这并不是自负，而是能认清自己的实力。另外，他们的适应能力很强，即便是在一个陌生的环境中，他们也能比其他人更快适应。他们有着自己清晰的目标，不会被周围的人影响。另外，他们善于伪装自己的真实情感。

2. 有的人喜欢蜷缩着睡觉

喜欢蜷缩着睡觉的人通常缺少安全感，他们的性格比较懦弱，经不住打击。他们独立意识不足、逻辑思维差，经常需要他人的帮助，遇事不懂得按照先后顺序处理。到了陌生的环境中，他们会表现出怯弱的特点；他们责任心不足，在

147

问题面前，常常会选择退缩。

3.有的人喜欢睡在床边

有很多人喜欢睡在床边，这样的人也比较缺乏安全感，但他们比蜷缩着睡觉的人更理性，更能控制自己的情绪，他们的忍耐力较强，不会轻易表现出愤怒的情绪。

4.有的人喜欢仰睡

喜欢仰着睡的人都性格开朗、活泼、大方，在生活中，他们待人亲切、热情、极富同情心，他们还很贴心，在人际交往中能看出别人的需要；另外，在遇到事情时，他们敢于担当、不会逃避责任；他们处事成熟，懂得分清事情的轻重缓急，并且很有执行力。

因此，这样的人是很优秀的，他们身上有很多美好的品质，他们通常能把事情做得很到位，常常能赢得周围人的敬重和信赖。

5.有的人喜欢呈八字形睡觉

喜欢呈八字形睡觉的人通常是唯我主义者，他们希望周围的人都按照自己的意愿行事，他们很固执、强硬，不想听到反对的声音，但他们也有很多优点，比如他们不会轻易放弃自己的目标，有很强的工作能力，有掌控局面的气场等。

6.有的人喜欢以戒备的姿势睡觉

这一类型的人通常具有较强的戒备心理，他们自主意识很强，性格固执，他们不会因为别人施予的压力去做事，不会听从他人的摆布，如果有人强行要求他们，他们就会采取一些必要的措施。

7．有的人喜欢以呆板的姿势睡觉

有的人喜欢以一种呆板的姿势睡觉，比如双手摆在两旁，两脚伸直着睡。这一类型的人生活节奏相当快，生活也很有规律性，也正是因为这一点，即使睡觉时他们的精神也得不到放松。另外，他们的生活是被模式化的，什么时间做什么事，什么时间睡觉都成了他们必须完成的一道程序。

8．有的人喜欢抱着双臂睡觉

有的人喜欢在睡觉时环抱着双臂，甚至握着拳头，仿佛随时准备给人一击。这一类型的人如果是仰躺着或是侧着睡觉，拳头向外就是向他人示威。如果把拳头放在枕头或是身体下面，表示他正在控制这种消极情绪。

9．有的人睡觉时喜欢把脚放在外面

睡觉时喜欢把脚放在外面的人，是真正的压力一族，即使到了睡觉这一最放松的状态下，他们依然是累的，这类人通常工作比较繁忙，没有足够的时间休息，或者不会享受生活，不过，他们通常都是那些事业有成的人，因为他们精力总是那么充沛。

的确，观察和了解一个人的方法有很多，但想要找到一

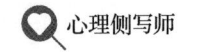

种最好的方法并不难，睡觉习惯是其中的一种。一个人的睡觉习惯是怎么样的，是受到潜意识支配的，即便他并不是熟睡，其睡觉习惯也会显示出他在清醒时、表露在外和隐藏在内的某种思想感情。

从他人"吃相"了解其真性情

中国人常说："民以食为天"，我们生命中的不少时间都是在餐桌上度过的，吃饭也是人们轻松的时刻之一，因此，观察一个人的吃相，往往能了解他的真性情。我们先来看下面的故事：

"刚开始，我以为他是一名优秀的管理人员，但那天我在他办公桌上看见那盒吃了一半的便当和几包吃了一半的零食时，我立刻开始考虑适合这个岗位的其他人选了。"说这话的是某大型外企的人力资源部总监，她一向做事谨慎，公司的每个人的言行举止都逃不过她的法眼。最近，她就将一个刚刚在市场部干了一个星期的市场部主管"炒"出了公司。接下来，她说："我的理由有两个：第一，我们是跨国公司，把食物放在办公桌上太影响公司的形象了；第二，一

第8章
身随心动：肢体也有自己的语言

个爱在办公室吃零食的男人给我的印象是办事犹豫拖拉，立场不坚定，这样的人不适合在一个代表公司形象的部门工作。当然，如果这件事出现在产品设计部或是创意部，我会假装没看见，过后提醒一下就够了，但在市场部，这样的细节绝对不能原谅。"

可能你会说，这个总监也太不近人情了，但西方的许多心理分析家均认同了这个观点。他们认为：一个职员在"吃"上的行为举止，甚至他的口味爱好，都暗示着这个人的性格以及对待工作的态度。不仅如此，在和心爱的他共进晚餐的时候，不妨偶尔扮演一下"福尔摩斯"，他在餐桌上的一言一行，都可能是你了解他的途径。

的确，人们在吃饭的时候是千姿百态的，比如，有的人吃饭的时候，喜欢站着吃，走到饭桌面前就开始狼吞虎咽。这样的人通常性格比较倔强，脾气有些急躁，但他们是开朗、坦率的，在自己的需求得到满足的情况下，他们对待他人会非常慷慨；而有一些人，他们看似很忙，我们总是能见到他们一边拿着汉堡和可乐，一边急匆匆地赶往和客户约定的地方，实际上，这样的人做事是缺乏计划性的，他们控制情绪的能力也很差，喜欢意气用事……

中国人常常说，坐要有坐相，而个人进食方式也可称为

"吃相"。从这些小地方也可以观察出一些性格特征，不用进一步地去接触，就可以轻松地窥得此人的个性。

具体来说：

1. "狼吞虎咽"型

这类人在进食的时候，并不会过多地品尝食物，他们进食速度相当快，他们个性豪放，精力旺盛，办事果断，待人真诚，具有强烈的竞争心和进取精神。

2. "浅尝辄止"型

这类人做人做事的风格正和他们的胃和食量一样，做什么都不会潇潇洒洒，因为其不敢放开手去做，所以他们不适合创业，也不会在事业上有什么大的突破。

3. "细嚼慢咽"型

这类人会把进食当成一种享受，进食的时候速度缓慢，会细细咀嚼品尝。这类人办事周详、严谨，无把握的事绝不做，爱挑剔，对人有时过于冷酷。

4. "大胃"型

这类人食量大，进食时一旦找到爱吃的食物，不吃饱决不罢休。这类人性格直爽，喜怒溢于言表，从不掩饰自己的感情，且不善于仔细地思考。

5. "独自吃食"型

这类人爱单独进食，但与其进食习惯相反，他们虽然不愿与人分享，但极具责任心，言行一致，信守诺言，工作令人满意，性格冷僻。

6."不偏食、不挑食"型

这类人不偏食，对人际交往的对象也不挑剔，他们性格随和，生命力旺盛，多才多艺，可以同时应付多种工作。

7.好"切割食物"型

这类人在进食的时候，会把一份食物分成很多份。他们一般为人处世小心而谨慎，做任何事都很细致；但有时难免流于保守和顽固，善于守势，不习惯采取攻势。

"民以食为天"，我们每个人也许都会有着从小养成的爱好和习惯，从心理学的角度来看，吃东西的习惯也能反映性格特点。当你吃饭的时候，你对食物的挑剔，或浅尝辄止，或独食独享，或风卷残云，或将食物分割成若干小块逐一食用，都没关系，只是，这已经暴露了你的性格秘密！

看电视时的习惯和特点彰显个人性格特征

生活中的每一个人，他们在看电视时所表现出来的习惯也不同。有的人一看电视，就精神百倍、聚精会神；有的人却一边做家务，一边看电视，只是偶尔偷瞄一下电视；也有

心理侧写师

一些人一坐在电视机前就犯困,电视里的声音似乎就是催眠曲;还有一些人,他们看电视喜欢走马观花,不停地换台。其实,这些常见的看电视的习惯都有可能发生在你我的身上,透过这些习惯可以看出我们的一些性格特点。我们先来看下面的故事:

金先生和金太太已经结婚30年了。可以说,30年来,金先生都是在金太太的唠叨中度过的,然而,金先生反而觉得这是一种幸福,他认为,夫妻之间,常拌嘴才是过日子。

这天,金太太照例和自己的几个好友出来逛街,几个女人聚到一起,难免要谈到自己的丈夫。一提到这点,金太太又开始唠叨起来了:"我们家老金,我真是不知道说什么好,你看,结婚这么多年,他好像把我当空气,周末,想让他陪我逛逛街,他从来都是摇头拒绝,即使我生气,他也不愿意,好吧,我不勉强他,但晚上,我让他陪我看看电视,他居然一窝在沙发上就睡着了,没办法,我又不能让他感冒了,就让他去床上睡觉。你们说,这样的老公要来干什么?一点意思都没有。"

"你就知足吧,其实,你自己都没意识到,你家老公的性格很好,我家老公还经常跟我抢遥控器,一个劲儿地换台,很受不了,你自己想想,谁更好点?"一个姐妹对金太

第8章
身随心动：肢体也有自己的语言

太说。

"是啊，其实，就一件简单的看电视的习惯，我们都能看出各自老公的性格，金先生这样的人就属于随遇而安的，你们结婚30年，一直感情不错，其实也就是性格互补，你一天咋咋呼呼的，金先生这样的性格才适合你啊。"另外一个姐妹补充道。

"你们说的也是，我们家老金的确是大部分事都顺着我，不跟我顶嘴，这么来看，我还真捡到金子了啊……"

"那是当然……"

的确，生活中，人们的很多性格特点都能从他们的生活习惯中看出来，其中就包括看电视，故事中的老金是个一看电视就睡觉的人，这样的人通常性格比较温和，很容易相处。

下面我们就根据这几种常见的看电视的习惯来读懂他人：

1. 忙里偷闲型

有的人看电视的习惯，与聚精会神型相反。他们不会为了专门看电视而坐在电视机前，他们把看电视当成一种附加活动，比如，在摘菜、打毛衣、拖地时，他们会打开电视机，忙里偷闲地看看电视，他们不会把注意力放到电视上。

这样的人，很有灵活性，他们做人做事都不会因循守旧，懂得变通，能够较容易地适应各种各样的环境。有时候，在条件允许，甚至是不允许的情况下，他们都很愿意尝试新鲜的事物，向自己、向外界进行挑战。

2. 聚精会神型

有这样一些人，他们喜欢在某个固定的时间，打开电视机，然后聚精会神地看电视，他们不会一边吃东西或者一边干家务，一边看电视。这样的人，他们做人做事就像看电视一样都很认真，全身心地投入。另外，他们的情感比较细腻，有丰富的想象力，很容易与他人产生共鸣。

3. 走马观花型

我们的家人或者朋友中，肯定有这样一些人，他们总喜欢拿着遥控器，然后不停地换台，好像就找不到他们喜欢的电视节目，常常造成身边的人不能认真地看电视。这样的人耐心和忍受力都不是特别强，他们的独立性很强，不属于那种人云亦云的人，也不是那种一哄而起，一哄而散的人。但他们在生活中很懂得节约，不会浪费时间、金钱、财力、物力等。

4. 睡觉型

有的人在看电视的时候看着看着就睡着了，经常是躺在沙发上就睡着了，而电视还开着。除去因为工作太劳累，人

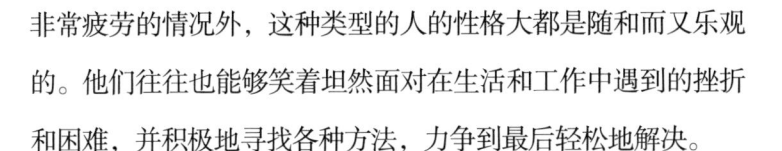

非常疲劳的情况外，这种类型的人的性格大都是随和而又乐观的。他们往往也能够笑着坦然面对在生活和工作中遇到的挫折和困难，并积极地寻找各种方法，力争到最后轻松地解决。

看电视在我们的生活中几乎是一项不可缺少的重要活动，你却不一定知道，我们可以通过看电视，观察出一个人的性格特点。

酒后吐真言，从"醉态"能看出他人真品性

中国人常说："无酒不成席"，中国的酒文化也博大精深，无论是结交朋友还是做生意、宴请等，都离不开酒，现代社会，不仅男人喝酒，有些女人也喝酒，可以说，中国人的生活是离不开酒的。其实，酒的作用并不仅仅在于结交朋友，更能帮助我们看出一个人的真品性，酒品如人品，一个人在醉酒的状态下呈现出什么样的姿态，是与其内心世界息息相关的。

现代社会，人们结交朋友，积攒人脉，多半都是有一定的目的的，其中也不乏对我们不利的目的。我们只有识别对方的目的，才不会在交际中被人利用，如果我们能采取投石问路的方法，对方的意图就能一目了然。

因此，酒桌上，我们可以通过"醉态"来了解他人的真本性，因为人们在"毫无防备"的情况下往往会暴露本来面目。

如何从"醉态"看出他人真品性呢？

1. 酒后话唠型

这种人，在日常生活中，多半因为性格内向、古板而在与人沟通中产生种种障碍，这一点，他们感到非常苦恼，因此，一旦喝醉后，他们的胆量便大了，就会找人一诉衷肠，滔滔不绝地说话。

2. 呼呼大睡型

这种人多半是工作和生活中的"好好先生"，平时，他们对他人的要求来者不拒，因此，常常感到身心俱疲，一到酒桌上，他们便找到了发泄的方式——喝酒，而喝完酒的他们，一旦醉倒，便呼呼大睡。

3. 无精打采型

这种人虽说酒后会变得毫无生机，但生活中，他们的性格却正好相反，他们充满力量、性格活泼。因此，你不要被这些酒后的表象所迷惑，他们实质上是比较积极的人。

4. 彬彬有礼型

一般来说，人们醉酒之后，都会一反常态，但这种人却是一个例外，这是因为他们思想方法上未免含有某些僵化的教条，并已经根植于他们的血液里。所以，这种彬彬有礼的动作，对有这种酒后行为的人的本性莫过于是种极大的讽刺。或许这种人应学得灵活一些、开明一些、大方一些、坦诚一些。

5. 手舞足蹈型

这种人饮酒后就如同一只被松绑的动物，会变得动作夸张，行如蟹状，拿着酒杯或酒瓶晃来晃去，一看就知道他"醉了"，其实他还"没醉"。这种人的反叛性很强，当然他对现实有太多的不满，而往往又非常压抑自己。

6. 适可而止型

不论何时何地，不管与什么人一同饮酒，都能做到适可而止的人，作为工作上的伙伴绝对没错，他良好的天性就是能与共事的人密切合作。

7. 引吭高歌型

这种人很会享受自己的生活，喝酒就是喝酒，忙碌的工作后总会很好地轻松一下。这种人是一种值得信赖的人，特别是在工作上。

8. 热泪盈眶型

这种场面很让人感动，一边饮酒一边与你交谈，他的眼泪却不由自主地掉下来，"心软"的人很可能霎时不知如何是好。

俗话说："人心隔肚皮""防人之心不可无"，不是

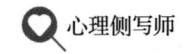

所有人都会把自己内心的想法公之于众，尤其是那些社交老手，更是隐匿得深藏不露。对此，我们不妨通过对方在无意识的状态——醉态来看其真品性，这是一种极其有效的识人心理策略。

第9章

腿脚秘密：坐立行走间透露的心理动向

犯罪心理学认为，人们在对他人做心理分析时，已经习惯了从人的上半身着手，比如，人的头部、面部、手等，而对于那些视线之外的部位，比如腿和脚，人们很容易忽略。尽管一个人似乎在认真倾听对方的谈话，但他的脚尖方向、腿部动作等透露的信息却准确无误，其实腿部和双脚是丰富的信息源，能够泄露人们内心的秘密！

心理侧写师

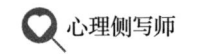

一个人的站姿所暗含的心理信息

日常生活中，我们常听长辈们说，站有站相，坐有坐相，这是告诫我们要行为端庄、知晓礼仪。事实上，从这些简单的动作中我们也能察看出一个人的心理活动。心理学家们经过研究后提出：不同的站姿往往反映出一个人的性格特点。不同的生活习惯、起居饮食、言谈举止、厌恶爱好以及意识倾向会决定一个人的站立姿势，也就是说，我们可以通过一个人的站姿看出一个人的性格特征和内心真实情感。你会发现站立这种简单的动作也是百人百样。你只要细心观察周围的人，就可以从他们站立的姿势中探知其心理活动。我们先来看下面一个故事：

老刘现在已经40岁了，他是个典型的无所谓先生，从年轻时候开始，他就是好像什么都无所谓的样子。

通常，在公共场合，人们看到的他都是这样一个姿势：两脚并拢或自然站立，双手交叉背在身后。

他和朋友出去吃饭，朋友问他要吃什么，他说："随便啦，怎么样都行。"

后来，到了结婚的年纪，家里父母开始着急了，问他的个人问题，他的回答是："随缘吧。"再后来，经过亲戚介绍，他认识了现在的妻子，家人问他对女孩子的印象，他回答："你说呢？"看样子，从他嘴里，永远问不到一个明确的答案。

儿子开始上小学后，变得调皮、不爱学习，妻子为教育孩子的事头疼得不得了，他倒安慰妻子："让他去吧，儿孙自有儿孙福。"妻子气不打一处来，他一笑了之。

单位新来的小伙子在工作上很认真，经常大家下班后他还在工作，老刘看到后，对他说："年轻人，没必要那么认真吧。"一句话让小伙子丈二和尚摸不着头脑。

……

可以说，故事中的老刘就是个典型的"无所谓"先生，这一点从他日常生活中的站姿已经看出来了。这里，我们可以说，经常有这样站姿的人一般都可以与人相处得比较融洽，很大的原因可能是他们很少对别人说"不"。他们的快乐来源于他们对生活的满足，而同时，不愿与人争斗的个性既带给他们美好的心情，也带给他们愤怒，因为生活并不总是遂人愿，一味地逃避争斗有时候只会使事情更糟糕。

那么，具体来说，我们该如何从一个人的站姿中探测其内心秘密呢？为此，侧写师们总结出：

1. 含胸、背部微驼

很多女孩子在青春期发育时对身体的变化没有树立健康积极的认识，容易表现出这种站相。这样的人往往缺乏自信，如若是女孩子，则是很单纯的类型，需要加强保护或积极引导。

2. 挺胸收腹、双目平视

这种人往往有充分的自信，要不就是十分注意个人形象，要不就是此时心情十分乐观愉快。

3. 两手叉腰而立

这是具有自信心和心理优势的表示。如果加上双脚分开比肩宽，整个躯体显得膨胀，往往存在着潜在的进攻性。若再加上脚尖拍打地面的动作，则暗示着领导力和权威。

4. 单腿直立，另一条腿或弯曲或交叉或斜置于一侧

表达一种保留态度或轻微拒绝的意思，也可能是感到拘束和缺乏信心的表示。

5. 将双手插入口袋

不表露心思、暗中策划的表现；若同时弯腰弓背，可能说明事业或生活中出现了不顺心的事。

6. 喜欢倚靠站立，不是靠墙，就是靠着人

这类人好的方面是比较坦白，容易接纳别人。不好的方

面就是缺乏独立性，总喜欢走捷径。

7. 遮羞式站立

手有意无意遮住裆部，一般是男性采取的动作。遮住要害部位，是一个防御性动作，说明心里忐忑不安，准备遭受批评和不赞同。

8. 双脚成内八字状

多为女性的站姿，有软化态度的意味。许多女性在担心自己显得支配欲和好胜心太强时，往往采取这种站姿。

9. 双脚并拢，双手交叉站立

并拢的双脚表示谨小慎微、追求完美。这种人看起来缺乏进取心，但往往韧性很强，是属于平静而顽强的人。

10. 背手站立

背手暗含有"不想把手弄脏，所以把它搁置一边"的意思，这类人通常是自信心很强的人，喜欢控制和把握局势，或自恃是居高临下的强者。但是，如果一只手从后面抓住另一只手的手臂，则可能是在压抑自己的愤怒或其他负面情绪。但是，在服务行业中，这种站姿又可能想表明"我没有行动，没有威胁"的意思。

当然，这只是一些简单的介绍，只供参考，其实，如果自己观察一下的话，是可以从一些蛛丝马迹中发现规律的。

总之，不安分的腿脚是一个人的身体中最真实的部位，而站姿是性格和心理活动的一面镜子，从站立的姿势，可以探知一个人的内心活动。

为什么有些人会不自觉地抖腿

生活中，可能一些人会有抖腿的坏习惯，无时无刻都会不自觉地抖起腿来，这是为什么呢？其实，从心理学的角度看，这是紧张的表现。民间有个说法是"男抖穷，女抖贱"，虽然专家表示这是无稽之谈，但也从侧面反映出抖腿在每个人身上是一个再正常不过的事情。的确，正常人抖腿没有任何临床意义，是一种自我放松，毫无意识的。

曾有心理学专家称，在人际交往中，真实信息往往是通过非语言传递的，而肢体动作就是其中的一部分。通常来说，与他人互动可以有三种表现状态，即融洽、对立和回避。抖腿则可以简单归类到回避反应中。回避状态多源于内心焦虑、没有安全感，非生理疾病性质的抖腿也是如此。比如，一个人在向许多人汇报工作时，常会不自觉地腿发抖，这多半是心里没底，紧张、焦虑所致。从这个角度说，抖腿有时候还表明了一个人的不自信。

第9章
腿脚秘密：坐立行走间透露的心理动向

我们先来看下面一个故事：

对于所有情侣来说，恋爱谈到一定阶段就要谈婚论嫁，就免不了要见家长，小杨与小米恋爱半年多了，小杨决定正式见见小米父母。于是，为了体现自己的诚意，小杨去酒店订了一桌酒席。

这天，小杨很快到了酒店，他紧张不安地等待着小米父母的到来。终于，这一家人来了。

一番介绍后，小杨便对小米父母说："叔叔阿姨，我听小米说你们有一些忌口，就点了一些你们爱吃的菜，希望你们别嫌弃。"小杨很紧张地说完了这句话。他留意了一下小米母亲的表情，虽然对他笑了笑，但好像并不满意。

接下来的一顿饭，虽然小米尽力从中斡旋，但小米母亲似乎都不大高兴，她和小杨都觉得莫名其妙。

饭后，小杨给已经和父母一起离开的小米发了条短信："你帮我问问，我哪里做得不好？"

"放心，收到，包在我身上。"

回到家后，小米母亲把包重重地摔在沙发上，不高兴地说："还说什么研究生毕业，这么没教养！"

"老伴，咋了，刚才吃饭的时候我就看到你脸色不对

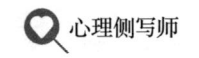

了，那孩子挺好的啊，怎么就没教养了？"

"你老花眼了吧，他一直在那儿抖腿你没看见？我看，他要是动作再大点，整个桌子就要给他掀了。"

"唉！我看你是误会了，这是紧张焦虑引起的表现，你以为他不想给我们一个好印象，但越是想表现自己，越是紧张。"

这时候，小米也解释道："是啊，他平时没有抖腿的习惯的，即便和那些大客户交谈，他也能镇定自若，看来，您真是冤枉他了。"

……

生活中，我们也遇到过这样的情况，他人与我们交谈时会不自觉地抖腿，我们可能也会指责对方不尊重人，对于这样的情况，长辈们可能还会说"什么臭毛病"。然而，这样的指责，有时候还真受得有点冤。就如同故事中的小杨一样，他就是因为不自觉地抖腿被小米母亲认为是没有教养的表现，不过庆幸的是，最后，小米的父亲为他进行了一番解释。

抖腿是正常现象，不过观察发现，人在全神贯注做事情的时候，一般不会抖腿，通常都是比较无聊的时候会发生，这是一种不自觉的现象。有些人平时抖习惯了，不抖还难受。

此外，也有专家从生理学角度，对抖腿动作进行了类比分析。从生理学上讲，久坐或久站不动，都会让腿感到不舒服，血流不畅，所以在自觉不舒服的情况下，人就会在无意识中活动起来，以促进血液流通，缓解不适。而在心理方面也有类似的意思：当心理较长时间处于紧张、焦虑状态时，人就会不自觉地做出缓解反应。

当然，抖腿也与个人习惯有关。一般最早时只是偶然反应，久而久之即形成自然反应，最后变成条件反射。因此，要想有所改变，除了自我调适焦虑心态外，还应有意识地进行强化改变，就像强迫自己改掉坏习惯一样。

总之，从心理上来讲，抖动单腿或双腿是一种放松的表现，是自己下意识的放松。当然人在轻微紧张的时候也有可能会抖腿。如果是不能控制的抖腿，那就要去看看神经科医生了。

站立时用脚尖拍打地面是完美主义者的表现

前面，我们提到过，犯罪侧写师们能根据罪犯留下的一些细节推断出其性格、心态等，同样，任何一个交际高手也都有一项本领——察言观色，他们不仅能看出与之交往的人的性格，还能看穿对方的品质、情绪，从而做到有的放矢与之交谈。

中国人常说"站如松"，这是提醒我们在站立时候要做到：嘴微闭，两眼平视前方；收腰挺胸，脚挺直，两臂自然下垂；两膝相并，脚跟靠拢，脚尖张开约60°，从整体上产生一种精神饱满的感觉，切忌头下垂或上仰，弓背弯腰。

然而，我们不难发现，现实生活中的人们在站立时似乎都有这样那样的小动作，其中就包括用脚尖不断拍打地面，这是习惯使然吗？对此，我们不妨先来看下面的故事：

王晓是学市场营销的，毕业之后，他在一家化妆品卖场担任男士化妆品的推销员。他很会察言观色，因此推销的业绩非常好。

这个周末，卖场来了很多消费者，当然，也不乏男士。尽管人很多，但忙碌的王晓还是在人群中发现了一个特殊的男客户：他大概三十多岁，一身简单又名贵的穿着。来到卖场，他一句话不说，只是不停地看化妆品。

面对这样的客户，几个推销员在得到"爱搭不理"的回应后，就不再招呼他了。而王晓则发现这个客户有个特殊的动作——他突然站在某化妆品前，总是一边看，一边不停地用脚尖拍打着地面，而且在那里站了好长时间了。

第9章
腿脚秘密：坐立行走间透露的心理动向

王晓知道这种人是典型的完美主义者，非常自恋，通常不大会处理人际关系。于是他站在不远处，等这个男人抬头寻求帮助的时候，他才过去帮忙介绍产品的功能和价格。很快，这位客户购买了商品匆匆离开了。

这则销售案例中，在其他推销员无计可施的情况下，推销员王晓并没有贸然推销，而是先观察客户，从客户的肢体语言——用脚尖拍打地面判断客户是个完美主义者并自恋，从而在客户需要帮助的时候才过去帮忙介绍产品的功能和价格，从而顺利把产品推销出去。

这个故事中，我们可以得出的结论是，一个人在站立时如果有脚尖拍打地面的习惯，那么，他可能是个自我意识较强的完美主义者，他们相信自己的选择和判断，很难听进别人的意见。

这类人，对自己有着高标准的要求，他们一旦确定了某个正确的目标或者他们感受到来自领导的期望，他们就会忘我地工作来让对方满意，而不是和某些人一样只为了薪金或者权力工作。

在各行各业内，他们都是敬业的、精益求精的，也希望能够教导他人去追求最好。他们相信人们在获得正确的信息后，就会改变生活状态。

如果你不认同他，他内心就会有负罪感，认为是自己做得不好，也可能会批评你周围的人。

因此，与这样的人打交道，我们最好不要试图去改变他的想法，而应该让他自己去做决定和判断。

比如，你和你的朋友一起购物，你看他焦虑不安的样子，想给他点意见，但是他却有用脚尖拍打地面的动作，可能表明他想给自己一点时间来思考，此时，你可以做的就是安静地陪在他的身边、一言不发，当他找到答案以后，他会感激你的善解人意，也会把你当成最贴心的朋友。

的确，一个小小的脚部动作就彰显了一个人的性格、品质乃至内心情绪，因此，善于察言观色是我们破解他人心理密码的关键所在。

我们可以总结出，站立时喜欢用脚尖拍打地面的人，是有自恋倾向的完美主义者，他们对自己和他人都有着较高的要求，希望获得他人的认同，但却听不进意见，如果你身边有这样的人，与之打交道，应让其自主抉择，不可干涉。

脚部动作比其他肢体语言更真实

正如人体的其他部位有表情达意的功能一样，心理学家

第9章
腿脚秘密：坐立行走间透露的心理动向

认为，脚也有属于自己的语言，即"脚语"。所谓脚语，指的是人在坐立行走的过程中脚发出的声音、做出的动作、指向的方向等。人的性格不同，走路的风采各异；人的心情不同，走路的姿势也不同。脚语是一种情绪的节奏，能够反映出一个人的脾气秉性、心理状态、情绪等。

经过长期研究，英国心理学家莫里斯得出了一个非常有趣的结论——"人体中，远离大脑的部位最可信"。顾名思义，脚是人体中距离大脑最远的部位，因此，脚是最诚实的部位。虽然人的脚步经常因时因地而异，但是，每个人仍然有固定的脚语。因此，你即使不用眼睛看，而只听那或轻或重、或急或稳的脚步声，就能判断出是否是自己熟悉的人。

除了脚步，脚部还有很多动作，有时，如果你看不透一个人的内心，不妨观察一下他在不经意间做出的脚部动作，这样一来，往往能够洞察他的真实的内心世界。

小陆在大学时谈了一个男朋友，两人感情很好，毕业后，小陆便和父母提及了男朋友的情况，父母觉得不太满意，因此以年龄尚小为理由，让小陆与男朋友分手。周末的时候，父母让小陆别出去了，在家包饺子吃。其实，父母是想阻止她出去约会。在父母的软硬兼施之下，小陆不得不待

心理侧写师

在家里。

上午10点，与男友约定的见面时间到了，小陆一边帮妈妈包饺子，一边抬头看钟表，急得像热锅上的蚂蚁。半小时过去了，她家的楼道里响起了脚步声，小陆听了之后，脸涨得通红，她听出来了，那是男朋友没见到她急得跑到家里来找了，但是又不敢敲门进来，所以只好在楼道里徘徊。

又坚持了10分钟，小陆实在忍不住了，哀求妈妈说："妈妈，让我出去一会儿吧，就一会儿。"妈妈看着女儿急得那样，非常心疼，但还是语重心长地说："小陆啊，妈妈不是不让你谈恋爱，但是你刚刚大学毕业，没有任何社会阅历，妈妈是怕你一时脑热，误了终身幸福啊！"见妈妈这么说，小陆不得不低下头开始包饺子。但是，过了一会儿，爸爸发现，原本背对户门坐着的小陆，现在却像拧麻花一样，上身仍然背对门，但是下身却冲着门那边转了四十五度角，尤其是脚，恨不得一下子迈出门去才好呢。而且，小陆的脚尖不时地在地上踮着，似乎内急了似的。看到女儿这样，爸爸不忍心了，找了个借口说："闺女啊，咱家没醋了，这没醋吃饺子可不香，马上就要包完了，你赶紧以最快的速度去给爸爸买瓶醋回来吧！"听到这里，小陆极力掩饰自己的兴奋之情，马上拿着钱包去买醋了。

第9章
腿脚秘密：坐立行走间透露的心理动向

事后，小陆跟爸爸的感情变得特别深，觉得爸爸比妈妈理解自己，不管有什么心里话都和爸爸说。在爸爸的引导下，她和男朋友互相鼓励，最终在工作一年后双双考上了研究生，之后又一起出国深造了。

看到这里，我们不禁纳闷，爸爸是怎么知道小陆的男朋友在门外的呢？又是怎么知道小陆在被妈妈拒绝之后并没有死心，仍然急不可耐地想出去和男朋友见一面的呢？其实，小陆的确听出了男朋友固有的脚步声，但是小陆爸爸根本听不出来小陆男朋友的脚步声，他是通过观察小陆的脚部动作知道的。小陆上身背对着门，下身却朝着门扭成了四十五度角，而且，她的脚尖恨不得一步迈出门去。由此，爸爸知道小陆并没有推掉约会，而且约会的对象很有可能就在门外，从而把握住了女儿的心思，小陆爸爸恰到好处地让女儿出去买东西，这样一来，不仅避免了妈妈的反对，还使女儿有机会出去和男朋友匆忙一见。如此善解人意的爸爸，女儿怎么会不喜欢呢！

很多时候，脚部动作往往被人们所忽略，擅长于洞察罪犯心理的侧写师就认为，脚部动作比其他肢体语言更真实、更准确。为了方便大家更好地了解脚部动作的含义，我们特意进行了归纳总结，这样一来，大家不管是在工作中还是在生活中，都可以通过观察别人的脚步动作来了解别人的内心世界，进而更好地与人相处。

从脚部动作把握一个人的心理变化

我们都有"脚语"，而且比其他肢体语言更真实，我们可以通过把握一个人的腿脚动作来观察他的性格特点和内心变化。为此，侧写师们在长期的侧写工作中为我们总结出：

1. 不同性格的人，脚步不同

通常情况下，性格开朗的人，走起路来大步流星，脚步声比较重；相反，性格内向的人，走路缓慢而踏实。成熟老练的人，走路很稳，步伐很有节奏；而毛头小伙子走起路来则匆匆忙忙，充满活力，当然，也就显得不够踏实。例如，如果一个人看上去非常强壮，但是走路却小心翼翼，那么，他多半是一个外粗内细的精明人，做起事情来喜欢以粗犷的外表来掩盖严密的章法；如果一个端庄秀美的女子走起路来却急急忙忙，脚步不仅沉重而且凌乱，那么，她可能是个性格开朗、心直口快的痛快人。

2. 不同的脚部动作，泄露人的内心

（1）脚踝相扣或者脚踝钩住板凳腿。从某种意义上来说，这个动作和紧咬双唇所表达的意思差不多，即都说明做出此动作者正在努力抑制某种消极的情绪，内心焦虑不安，而且保持着警惕。例如，大多数病人在进行手术之前都十分恐惧，因而经常做出脚踝相扣的动作；当犯了错误的学生坐在老师的对面时，也会因为紧张而脚踝相扣。

（2）脚尖指向。在所有的脚部动作中，脚尖指向是最容易被人忽视的细节。虽然脚尖指向会告诉我们很多的信息，但是却很少有人观察别人的脚尖指向。一般情况下，人们会无意识地将身体转向自己喜欢的人或事，所以，只要观察脚尖指向，就可以判断对方是否愿意见到我们。例如，在谈话时，假如对方将原本冲着你的脚尖移开，就说明他想尽快结束谈话离开。

（3）蓄势待发。在脚尖指向中，有一种比较特殊的脚部动作，类似于起跑，即身体稍稍前倾，一只脚在前，一只脚在后，双手分别放在两个膝盖上。通常，这种姿势意味着当事人对某件事情很感兴趣，已经做好了洗耳恭听的准备。此外，这个动作还可以代表完全相反的意思，即随时准备撤离。例如，大学生上完一节持续两小时的大课之后，都会做出这种动作。

其实，脚部的动作还有很多，需要我们在现实生活中认真观察，这样才能更好地了解别人的心意，与别人更好地相处。

一般来说，人与人不同，脚部的动作也会不尽相同。在人际交往中，不同性格和心理状态的人们有不同的"脚语"。从某种意义上讲，这是性格和心理的一面镜子，会泄露人们内心的秘密。在人际交往的过程中，假如你能够在说话之前先细致入微地观察一个人的"脚语"，就能够很轻松地了解他的性格特征和心理状态。

坐姿中的双腿交叉暗含了什么含义

心理学认为，人们已经习惯于从头部、脸部和手部等这些容易看得见的部位来判断交谈对方的心理活动，来察看对方对自己是赞同还是反对，相反，对于那些我们视线之外的部位，我们常常会忽视，如双腿和双脚。可能你也发现，与人面对面坐着交谈时，对方可能偶尔会摆出双腿交叉式的动作，这是习惯性坐姿还是产生了心理变化？

假如我们在一家餐厅看到这样一个场景：一对相亲的男女正在聊天，男士正在侃侃而谈，情绪热烈，女士也频频微笑点头，乍一看，你会以为这是一次成功的会面，他们也必定会有下文，但只要稍作留心，你会发现，女士的坐姿：她双腿交叉，身体略微后倾，而脚尖正指向最近的一个出口。由这个姿势我们就可以明白，女士对这场谈话没有兴趣，内心深处有逃跑的打算。

在与人面对面交谈时，如果你发现对方的双腿和双臂同时处于交叉状态，那么，你可以判断出的是，他的注意力已经不在你们的谈话上，甚至他的心思已经飞向远处，为了不让你感到尴尬，对于你说话的内容，他会给出敷衍式的回答，如"是"或者"不是"等词汇。这时要想让对方对你的观点表示真正认同是非常困难的。

再如，你出席一个晚宴时发现，在大厅的角落里，站着一个人，他双腿交叉，同时，还抱着双臂，这能告诉你的是，这个人思想非常保守，对人戒备心很强。这时，跟对方很顺利地展开话题是非常困难的，你必须从消除对方的戒备心开始入手，而且要做好打持久战的准备。

另外，相对于女性来说，男性更喜欢双腿交叉这个坐姿，甚至有一些男人，他们并非一条腿轻松地搭在另一条腿上，他们更习惯将一只脚踝放在另一条腿的膝盖上，两条腿形成"4"字形状。这种坐姿代表了向对方争辩或者争取获胜的态度。

女士比男士更在意自己的形象，这样的坐姿并不雅，另外，跷二郎腿并不符合礼仪规范，所以做出这个姿势的大多

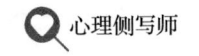

是男士。男士在摆出这个姿势时，不仅能体现自己的自信和支配地位，同时也会显得放松和年轻。

但要注意的是，在和长辈或者领导交谈时，我们千万不要摆出这种姿势，因为这会让领导感受到你对他的不敬。

如果一个人做出"4字腿"坐姿的同时，还用一只手抓住抬起的那条腿，那就表示这个人非常有主见，甚至可以说有主见得过了头，达到了固执的地步。对于这些人，不要轻易尝试去说服他们，你的努力往往是白费的。

当然，女士双腿交叉，除了心理活动外，还有可能是其他原因，比如，女士经常穿短裙。双腿交叉是她们下意识地保护自己的举动。女士的这种爱好是由于穿短裙养成的习惯，我们可以称其为"短裙综合征"。这样交叉双腿的动作让女士看起来比较拘谨，这或多或少会让交往对象觉得无所适从，因此，一定程度上我们认为，穿短裙让女人看起来更难以接近。对于女性来说，最有气质的姿势是将两条腿以随意的方式交叉，然后将两腿斜向一边，两腿保持平行，女士要想保持优雅的仪态，应当学会做这个姿势。

总之，我们可以总结出，双腿交叉跟双臂交叉一样，是表示排斥的意思。如果你的交谈对象的双臂和双腿同时处于交叉的姿势，他的排斥意思显然已经相当强烈了。

第10章

细心观察，解读日常生活中的小动作

在我们的日常生活中，我们身边的每个人，都有一些习惯性动作，如有的人喜欢选择靠窗的座位坐下，有的人喜欢把发票揉成团，也有一些人似乎总是离不开手机……这些看似不经意的小动作，其实都是一个人内心活动的显现，从这些小动作入手，也许能帮助你或者身边的人做个更全面的心理健康评估。

心理侧写师

飙车族为什么那么喜欢追求速度

现代社会,有个新兴的名词叫飙车族,所谓飙车族,是社会上对飙车的人的统称,他们把汽车当作宣泄的工具,他们经常相约某个时间,几个人一起,在宽敞的道路上踩下油门,追求"飞一样的感觉"。近年来,飙车行为开始在国内一些大城市出现,电影《头文字D》中展现"汽车漂移一族"的飙车场景常常出现在现实生活中。在上海,一些高架道路由于路况较好,也成为飙车的主要场所。

轰鸣的引擎,追风的速度,沿途纷纷侧目的满足感,到底是什么吸引着这些年轻人迷上飙车?

据专家介绍,在20岁左右这一年龄段,正是心智走向成熟的重要阶段。飙车族觉得自己有能力,希望能够得到社会和周围人的认同,追求刺激,敢于冒险。由于他们还不够成熟,往往不懂得如何进行自我保护,所以才会涉入一些高危活动。另外,他们对社会的约束和规范,往往知之甚少或者重视不够,有的以挑战社会规则为乐趣。

心理专家认为,生和死交接的地方,可以体验一种死亡的恐惧。当人战胜这种恐惧的时候，心理的确得到了一种很大的满足。另外，在这个过程当中，不但给自己刺激，而且车辆经改装后发出的声音，包括速度，也同样会给周围的人带来很大的刺激，所以在这样的一种相互刺激当中，飙车族才会得到一种很病态的心理满足。

不得不说，任何人都可以有自己的爱好，但如果把自己的爱好建立在对自己和他人的生命的威胁上，就应当引起重视。专家建议，如果要对这种行为进行有效制止的话，不仅要通过法律和社会舆论的监督，必要的情况下还要接受一些心理的干预。

如何戒除手机依赖症

很久以前，生物学家为了研究刺猬的生活习性，他们做了一个实验：

寒冬腊月，生物学家将十几只刺猬放到了屋外，寒冷的刺猬们为了能取暖，只好抱在一起，但是它们浑身长满刺，只要它们一靠拢，就会被对方身上的刺扎到，因而不得不分开。

天气实在很冷，它们冻得受不了，又靠在了一起，但又会被刺到，它们不得不再度分开。于是，它们不得不重复这样的过程，不断地在受冻与受刺之间挣扎。最后，聪敏的刺猬终于找到一个方法，那就是保持适中的距离，这样既可以相互取暖，又不至于被彼此刺伤。

这就是心理学上的"刺猬法则"。仔细想一想，确实如此：如果人和人靠得太近，可能会相互讨厌；如果离得太远，又会感到寂寞。现代人和刺猬一样，也掌握不好彼此之间的距离。

对身陷这种困境而烦恼不已的人来说，手机成为与别人保持适当交往距离的唯一工具。因此，他们会非常留意手机是否有来电或者短信，而即便在工作中或繁忙时，他们也会频繁地检查手机。

生活中的你，现在不妨问问自己：睡觉前在床上你会做什么？是窝在被窝里在微博上刷屏，还是瞅两眼流行的视频，或是在手机上点击着微信？在一个个不眠之夜，越来越多的人在临睡前拿起手机做这些事情。

可以说，对于大部分现代人来说，只要离开了手机，他们就会陷入不安。

当然，对任何人来说，没有手机都会觉得不方便，只是严重程度有轻有重。有的人手边没有手机的话，就会坐立不安，甚至感觉到自己被全世界遗忘了，这就有点过度了。

第10章
细心观察，解读日常生活中的小动作

这样的人被称为患了手机依赖症，曾有媒体就手机依赖症这个问题报道了一条有趣的新闻："一个周末，一个家庭来到一家餐厅就餐，在饭桌上，老人想和孙子孙女们聊聊天，但孩子们却只顾玩自己的手机，老人受到冷落后，愤然离席。"有网友开玩笑说，"世界上最遥远的距离莫过于我们坐在一起，你却在玩手机"。

实际上，这样的人一般不善于和人面对面地交往，为了消除人际交往中的不安感，他们对手机产生了依赖。只要和别人交换了电话号码，以后就会只靠电话联系，要么打电话，要么发短信。时间一长，也许连对方长什么样都忘记了。只要能经常看到对方的短信，就觉得他是自己的好朋友，于是就安心了。

有心理学和社会学专家指出，如果一味依赖手机，深受手机影响的话，会给我们很多人的心理和社交带来严重影响。"朋友们在一起，全都低头不语，手机成了精神寄托。人和人之间的关系就这样疏远了，自己在无形之中建造了一座心墙，这座无形的心墙，往往就会成为我们前进的最大障碍。"

人是具有社会性的群体，人的一切活动和生活都离不开社会交往和交际互动，太过依赖手机，长期远离与现实社会的接触，不但会使我们的社会性退化，也会在

185

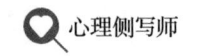

心理上产生趋于退缩和自我保护的心理意识，从而催生性格上的缺陷，譬如过分的自卑或自傲、交际能力退化等。

为此，如果你是一个依赖手机的人，那么，你最好做出改变。

1. 试着扔掉手机

总是把玩手机其实是一种生活习惯，要改变这种不健康的生活状态，我们还应该从小事改变，不妨尝试着把手机交给朋友、家人保管一两天，去感受一下和朋友聊天的快乐，也去商店看看，要知道，讨价还价也是购物的一种乐趣。刚开始，也许你会感到不习惯，但只要你坚持下来，你就会发现，不再一味地依赖手机，也是一种快乐。只要肯迈出第一步，剩下的99步就不再是难以攻克的障碍。

2. 打开自己的社交圈

俗话说："在家靠父母，出外靠朋友。"拥有良好的人际关系可谓是百利而无一害。经常玩手机的你有没有觉得自己很孤单？遇到了问题是不是没有人可以倾诉？真诚的朋友会带走你世间的一切烦恼。既然世界上存在这样一种"烦恼清除器"，你为何不留下它呢？

3. 积极参加一些体育锻炼

运动不仅可以提高身体的抵抗力、增加血液循环、调节心率，还能够放松心情、缓解压力、补充精力。当你体会到运动带给你的愉悦之后，这种规律、健康的生活方式一定会打动你。

4. 多进行一些户外活动

清新的空气和明媚的阳光是最好的"心情净化剂"，定期出去参加一些爬山活动或旅行是不错的选择。

可见，"手机依赖症"严格意义上说是一种心理疾病，这种症状多见于比较孤僻、自卑、相对缺乏自信的人。看上去玩手机会让你觉得很惬意，但内心的凄楚和悲凉是包不住的。正常的生活不应该是这样封闭的，而是应该和朋友一起分享的，该活动的时候活动，该放纵的时候就放纵。人毕竟是具有社会性的动物，脱离了人群，我们不会生活得很美好。

一边打电话一边信手涂鸦是一种代偿行为

你有没有这样的感触：这天上午，你正在办公，对面办公桌上的电话响了，你的同事拿起电话，然后和客户交谈起来，大概过了几分钟，你发现，你的同事拿起了笔，然后在纸上随便涂画起来；你发现，他并不是在记什么重要的内容，只是信手涂鸦而已。他为什么要这么做？

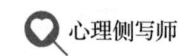

这种无意识中消除紧张或不安的举动，心理学称为"代偿行为"。代偿行为亦称"补偿行为"，当一个人不能采取特定的行为满足需要而是用其他行为满足需要时，这种行为就是代偿行为。

它大体可以分为：关于对象的代偿和关于手段的代偿。

所谓对象的代偿，就是目标A用目标B来代替，如对音乐的热衷因为得不到栽培而用美术活动来代替；手段代偿，就是手段A用比较容易的手段B来代替，如一个学生会故意采取一些古怪的方法吸引老师的注意力。当然，大多数时候，这两种代偿是交叉使用的，并未有明确的界限。

代偿行为在多大程度上对原来的需要起了代偿的作用，叫代偿价。代偿价受需要的种类、强度、复杂度以及原来的目标与代偿目标的类似程度等许多因素所决定。代偿行为有时也以空想的、言语的形式表现出来，有时通过习惯化可以代替原来的目标而使对原来目标的兴趣减退。

除了上述所说的涂鸦外，人们还可能一边打电话，一边反复地把桌子上的东西从左边移到右边，再从右边移回左边，甚至干脆开始整理自己的桌子。其实，这些行为的背后隐藏着同一种心理状态。

例如，打电话时，对方因为愤怒而不停地向我们咆哮，我们恨不得马上把电话挂断，但有时又不敢这么做。于是便会产生精神压力。为了减轻自己的精神压力，我们的手会无意识地动起来，以便给大脑一些刺激。然而，和好朋友打电话聊得非常高兴时，基本上不会出现代偿行为。这也可以从侧面证明，代偿行为的目的就是缓解精神紧张。我们再来看下面的故事：

老杨和老马是研究生时代的同学，毕业后又到同一家研究所工作，两人关系不错。

从工作开始，老杨就勤勤恳恳地工作，他为人正直，工作上进，但尽管如此，获得尊敬的他却一直没有如愿评上工程师职称。

刚开始，单位的理由是需要工作年限，但等到年限够了，新的条件又出来了，如什么要过专业英语多少级之类。老杨的性格一下子变了。他的脾气也不是和和气气的了，因为一件小事就可能跟人吵起来，无论是他周围的同事，还是家里的妻子女儿，都成为他发泄的对象。

而老马就不这么想，虽然没被评上职称，但情绪却比老杨乐观洒脱得多。

老马说："一开始我也很苦恼，可是仔细想想，事已至此，何必苦恼，要是发牢骚，家里家外都搞得很紧张。我从来没有不相信自己，我现在开始自费学习英语了，要是以后

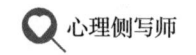

评不上了，我就去搞民办科技实体。最近我还在撰写一部丛书。这使我有更多的话题去交更多的朋友。这时再看，那些先评上工程师的人，有的却已泄了劲，没有了压力，生活得并不比我更愉快。"

同样一件事，老杨和老马两个人的态度完全不同，这除了他们彼此有不同的性格、志趣等因素外，还与他们处理障碍的态度不同。老杨只有一个寄托——评职称，而且是始终不可变更的。这就将他限制在一个很小的范围，整日为此担心发愁，错过了其他很多可能的机会。他这样做，等于把自己喜怒哀乐的决定权交给了别人。而老马却有很多寄托——评职称、学习英语、参加朋友聚会等。职称评不上，他还可以有其他的东西作为代偿。别人决定的事听凭自然，而他去做自己可做决定的事，去寻找自己的快乐，并向未来投资，使自己将来的发展道路更宽。

除了打电话时信手涂鸦外，我们还需要注意的是，在约会时你的对象的手部动作。在冷饮店，反复摆弄吸管；在咖啡厅，没完没了地用勺子搅拌咖啡；在饭店里，把一次性筷子的包装袋折得很小……这些都是属于代偿行为。如果你约会的对象出现了类似行为，那你可要注意了。

约会时，如果发现对方出现了代偿行为，那说明他感到很无聊，对这个约会不怎么感兴趣。不过，对方并没有清楚地意识到自己内心的无聊感，做出的代偿行为也是无意识的。如果我们不想办法吸引对方的注意力，他们的代偿行为将会一直持续下去。在这种情况下，如果通过改变话题还不能吸引对方的话，就要想方设法引导他说话，或者干脆换个地方约会。

可见，当一种愿望无法得到满足，人具有用其他愿望来代替它，并转向其他活动的倾向。当人遇到难以逾越的障碍时，往往会放弃最初的目标，通过达到实现类似目标的办法，谋求愿望的满足。这种做法叫作代偿行为。

为什么一些人看到别人排队也想加入

现代社会，我们都强调要创新，任何重大成果的发现，都离不开创新意识的发挥。任何一个人，也只有敢于突破，敢于创新，才能有所成就，而如果你是一个有从众心理的人，什么都想着和大家一样，那么，你只能一事无成。

事实上，在我们生活的周围，总是有不少人踩着别人的脚印前进，因为他们觉得只有和大家一样，才会觉得安心。

可能你也发现，在某个街角，如果一家拉面店或者冰激凌店很火的话，每天都会排起长龙。为了吃一碗拉面，人为什么会花一两小时排队等候呢？

是因为拉面非常好吃？或者对拉面店怀有好奇心？其实，众多人排队的原因并没有这么简单，这是心理学上一种"同调行为"的具体体现。在人的心里，都想和多数派保持步调一致。

人都有一种从众心理，从众心理很容易导致盲从，而盲从往往会陷入骗局或遭遇失败。排队也是同样的道理，当看到那么多人都在排队，自己也不想落单，和大家采取同样的行动才会感到安心。

有一个不可思议的现象，那就是在排队的人中，竟然有不知自己为何而排的人。如果问他们："你知道你排队等候的饭店是做什么菜的吗？"他会回答："不知道。"而且，队伍越长越能激发人们排队的欲望。排队的长龙好像在说："快来吧！前面有好东西。"让人对前面的东西产生强烈的期待。

事实上，盲目地跟随他人不一定有好结果、我们的生活需要创造力。创造力是指产生新思想、新发现和创造新事物的能力。身处竞争激烈的现代社会，我们应当具有锐意变革的精神，才能始终使自己处于竞争中的有利地位。对此，我们首先要做到的就是破除自己的从众心理，学会独立思考。

那么，生活中的人们，该如何做到破除自己的从众心理呢？为此，你需要做到：

1. 敢于坚信自己

创新能否最终获得成功，能不能相信自己很重要，有自信，相信自己正确，那么，你就敢走自己的路，就能不怕失误、不怕失败，在大多数情况下，不敢自信走"小路"的人，通常也难成为创新型人才。

2. 敢于打破各种定见和共识

要想成为一个有创造力的人，你需要：

第一，不要迷信权威。

第二，不要太依赖他人，学会独立思考。

第三，摒除经验主义等主观定式，不要给自己套上思维枷锁，你不仅要敢于挑战书本的权威，也要敢于自我否定。

3. 敢于否定他人

独立思考是否定他人、提出不同意见的前提，反过来，做到后者，你也会逐渐学会独立思考。

4. 独立面对各种难题

正如一位名人所说："所谓成长，就是去接受任何在生命中发生的状况。即使是不幸的、不好的，也要去面对它，解决它，使伤害降至最低。所谓的成长，所谓的智能，所谓的成熟，都不过如此。"这样的男孩才能独当一面，成为一个自立自强的男人。

一个有从众心理的人是很容易人云亦云的，这种心理足以抹杀一个人前进的雄心和勇气，足以阻止自己用努力去换取成功的快乐，它还会让我们跟随他人的脚步而只能停在别人的身后，以致一生都碌碌无为。因此，如果你想获得成功，那么，从现在起，无论遇到什么，你都要学会独立思考，别人云亦云。

喜欢将小票或发票揉成团是什么心理

生活中，我们可能经常会看到这样的现象：在超市或商场的收银台，一些人会把结账时的小票或者发票使劲揉成团或者撕成碎片。心理学家称，一般来说，这类人的精神压力比较大，小票或发票就是他们发泄的对象。

我们在日常工作和生活中难免会遇到一些不顺心的事情，不快的情绪如果没有及时得到排解，将会有害身心健康。而且，假如我们凡是遇上不顺心的事情，就将自己不快的情绪发泄到家人或朋友身上，又会伤害身边最亲近的人，甚至影响家庭或同事间的和睦关系。因此，对于大多数人来说，都会寻找情绪的宣泄方法，其中，就包括把发票或者小票揉成团,当然,这是他们无意识的行为。这样的方式似乎能让情绪平静一些。这些借助其他方式来发泄情绪的行为,心理学称为"转移行为"。

把情绪发泄到小纸片上,虽然不能从根本上解决问题,甚至也不能给人带来多大的快感,但很多人就是忍不住要这么做。可见,找到适当的方式确实有助于消解精神压力。

转移行为的具体形式因人而异,而且即使是同一个人,在不同情况下使用的发泄方式也不同。比如,电影中,我们会看到一些夫妻,因为小事吵架后,他们会把盘子、杯子摔得粉碎,这就是转移行为的一种。因为发泄情绪的对象是完全没有关系的事物,所以也可以说是一种乱发泄。

的确,每个人都会产生不良情绪,这很正常,但我们不要把这些情绪压抑在心中,因为一味地压抑心中不快,只能暂时解决问题,负面情绪并不会消失,久而久之,就可能填满我们的内心世界,使我们的身心越来越疲惫。因此,除了自我调节和消化外,我们还应该给不良情绪找个宣泄的出口,让它尽快释放出来,正所谓"堵不如疏"。将负面情绪降低到最低程度。

不过,如果能在了解自身精神压力原因的基础上,通过转移行为很好地发泄负面情绪,那么这样的转移行为就是一种健全的精神压力消解法。

每个人都会对身边的事情产生一些负面情绪，但自控能力强的人善于以正确的方式排解心中的不快，而不是将情绪传染给身边的人，让他们成为我们情绪发泄的对象，面对情绪，我们可以通过开拓视野的方法，把情绪放走。

那么，我们该如何修炼自己平和的心性，避免情绪化呢？发泄自己的不良情绪，有很多方法：

第一，倾诉法。

当你心情不好时，可以找自己最信任的朋友倾诉，但你最好找那些比较冷静、理智的人当朋友，因为他们能给你提出一些疏导情绪的意见。

第二，摔打安全的器物。

如枕头、皮球、沙包等，狠狠地摔打，你会发现当你精疲力竭时，内心是多么畅快。

第三，高歌法。

唱歌尤其是高歌除了愉悦身心外，它还是宣泄紧张和排解不良情绪的有效手段。

第四，环境调节法。

心情不好或感到压力大、郁闷不乐时，你可以走出办公室，走出家，去大自然中呼吸新鲜的空气，我们的情绪往往就能很快得到舒缓。如果有条件，还可以进行短期旅游，从而彻底放松自我。

第五，注意力转移法。

当出现不良情绪时，可以将注意力放到其他事情上，做自己喜欢做的事，比如，打球、上网、跑步等，从而将心中的苦闷、烦恼、愤怒、忧愁、焦虑等不良情绪通过这些有趣的活动得到宣泄。

心理学家认为："在发生情绪反应时，大脑中有一个较强的兴奋灶，此时，如果另外建立一个或几个新的兴奋灶，便可抵消或冲淡原来的优势中心。"我们因为某件不顺心的事情烦躁、暴怒的时候，可以有意识地做点别的事情来分散注意力，缓解情绪。

在日常生活中经常难以自制地做出转移行为的人，多属于性格敏感型。他们容易积压精神压力，也容易忧虑。一个成熟的人应该有很强的情绪控制能力。无论遇到什么事情，哪怕是违背自己本意的事情，都得控制自己的情绪，不能有过激的言行。唯有如此，才能成就大事，从而达到自己的目标。

钟爱照镜子，是自恋的表现

日常生活中，相信每个人都有照镜子的习惯，出门前照照镜子，确保自己的仪容整洁，能让人增添信心。也有一些比较注重自己外表的人，即便是咖啡厅卫生间的镜子、街头的橱窗、地铁车厢的玻璃，也能成为他们的镜子，当他们不经意间从这些地方经过时，只要自己的身影进入视线之内，就会不自觉地多看两眼，以检查自己的仪容仪表，这是一种很自然的行为，任何人都会这么做。

看到自己衣冠不整、头发乱了，就会整理好，而且还会对着镜子调整自己的表情。可以说，这是为了给别人留下好印象而做的，是一种必要的社会行为。另外，通过检查仪容仪表，可以确认自己的存在感，这样才会安下心来做下面的事情。

不过，照镜子也是有限度的，如果一个人把照镜子当成了生活中必不可少的部分，时刻离不开镜子，那么，他就很可能有自恋的倾向。可能你也发现，在商场的卫生间中，我们常能见到一些"爱美"的女士像占领地盘一样长时间站在镜子前，整理自己的头发或者补妆。有时，甚至能发现有的女士只是在那里摆弄姿势和自我陶醉，她们这么做，给后面的人造成了相当大的困扰。

对这样的人，周围人肯定会小声议论，认为她很"自恋"。那么，什么是自恋呢？

第10章
细心观察，解读日常生活中的小动作

自恋一词源自希腊神话中的人物Narcissus。Narcissus是一位因痴迷于自己的容貌最终溺死的青年。故事是这样的：Narcissus是一位长相十分清秀的美少年，他对任何姑娘都不动心，只对水中自己的倒影爱慕不已，最终在顾影自怜中抑郁死去。Narcissus死后化作水仙花，依然留在水边守望着自己的影子。

过分注意自己形象的人，会像Narcissus一样，变得自我陶醉和自恋。

一个人如果有自恋倾向，他除了会不断地照镜子外，还有其他一些表现：突出标志是自我标准和自我关注，他们把关注的焦点投射到狭隘的自我身上，并且用自己认定的固定不变的标准来要求周围的人和事。当周围的人和事符合他的主观标准时，他们就表现出高兴或满足；而当周围的人或事不符合他们主观标准时，他们就表现出抑制、愤怒、焦虑等不良情绪状态。

心理学家称，自恋是我们心灵发展过程中残留的儿童成分，它不仅会严重阻挠我们人格的健康发展，还被一些心理治疗大师认定为一切心理疾病的总根源。美国心理治疗大师斯科特·派克说过，漫无节制的自恋是心理与心灵疾病的主要前兆，自恋表面上表现为一种过度的自我关注。

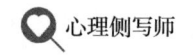

那么,一个人如何摆脱自恋呢?

专家建议,放弃单一的自我标准,学会从别人的角度看问题,扩大自己的兴趣范围,拓展自己的心灵空间,走出小小的自我,走向更大的社会。具体来说,你需要经历两步:

第一步,解除以自我为中心的人生观。

自恋型人格的最主要特征是自我中心,而人生中以自我为中心的心理最为强烈的阶段是婴儿时期。要治疗自恋型人格,必须了解婴儿化的行为。请一位和自己亲近的人作为监督者,一旦出现强烈的自我中心主义的行为,便给予警告和提示,督促自己及时改正。通过这些努力,自我中心观会逐渐消除的。

第二步,学会爱他人。

对于自恋型人格障碍的人来说,仅仅抛弃自我中心的观念是不够的,还必须学会去爱他人,唯有如此,才能真正体会到放弃自我中心观是一种明智的选择,因为任何人要获得他人的爱,首先必须付出自己的爱。而自恋型人格障碍者的爱就像是幼儿的爱,不成熟的爱,因此,要努力加以改正。只要在生活中多一份对他人的爱心,自恋症状便会自然减轻。

自恋的人对自己的形象非常敏感,也非常在意周围的人对自己的评价,还常伴有自卑感。另外,过度沉溺于镜子中的自己，也是逃避现实的一种表现。判断是否自恋的一个标准，是看照镜子是为了检查仪容仪表，还是陶醉于镜中的自己。

从座位的挑选读出一个人内心的想法

生活中，我们会参加很多公共场合活动，这就涉及座位的选择，你更喜欢第一排、第二排还是其他位置？这一看似不经意的行为，其实都会将我们内心的想法暴露无遗。

意大利非语言交流学家马克·帕克利对人们在车厢中的行为做了多年研究，他认为，人们上了空的公交车后，一般都不会选定第一排座位——这排位子通常到了车厢快满时才有人坐，心理咨询师认为，这种选择是人类特有的安全感造成的。当你选了第一排座位时，坐在背后的人会让你感到一种潜在的威胁，因为你看不见他们在你背后做什么。其实，不仅是坐公交车，很多场合下，人们都不愿意选第一排的座位。

心理学家曾经就人的这一习惯讲过这样一个故事：

曾经有一家知名外企来到某大学进行校园招聘活动，当时，全校一共有八百多人参加了他们的宣讲会，但是需要在大会结束时留下1/3的学生准备下一轮选拔。外企如何快速发现人才？原来关键就在于看大家对于座位的选择。

首先，考官会看进场的状态，谁坐在前面先留下，最后三排没希望，不管他如何优秀，坐角落两边的也不要。坐中间的要看听课状态，如果认真并且眼神有互动，积极回答问题也可以考虑，这样会留下1/3的同学。

这家知名外企的选拔人才的方式其实是有一定的心理原因的，因为人们在某些特定环境中挑选的位置或者对座位的特殊偏好就能够读出人们内心的想法。

其实，在社交场合某些环境下，我们也可以根据人们挑选座位的方式来了解他们的性格，具体来说：

1. 喜欢靠窗而坐的人平凡

窗边位置明亮，且能看见窗外行人车辆以及发生的事，通常来说，个性平凡的人喜欢挑选这样的位置坐下，另外，这样能避开人多的洗手间附近，尽可能远离喧闹嘈杂的人群。

2. 喜欢挑选中央位置的人表现欲望强、以自我为中心

一般来说，这样的人不多见，他们有很强的表现欲。人际交往中，他们的话题总是离不开自己，很少关心他人，他

们很爱面子，在某些场合，他们会主动站出来买单，在工作中，有领导气质。

当然，他们最大的缺点就是很少顾及他人感受。比如，如果在饭店吃饭，服务员因为不小心上错了菜，他必定会马上与服务员争执，甚至会说出难听的话来。总之，他们并不是那么容易沟通和相处。

3. 喜欢角落位置的人喜欢安定

尽可能地选择角落位置的人，也是因为坐在角落里能对店内全景一览无余，这样，他就能看清楚所有的人和事。

一般来说，这种人追求一种安定、稳妥的生活。由于他们习惯做一个旁观者，基本上缺乏决策的能力，以及作为一位领导者应有的积极态度。因此，与其要他做一位领导者，还不如请他当顾问更加适合。

4. 喜欢坐在入口处附近的人，属于个性急躁的类型

他们精力旺盛、对生活工作都很积极、乐观，总是乐于助人，喜欢走来走去，好像永远闲不下来。

5. 喜欢面向墙壁的人孤傲

偏好靠近墙壁的座位，而且喜欢面向着墙壁以背对着其他客人的人，显示出他们不想和其他人有任何瓜葛的心态。背对着其他客人显得孤傲，热衷埋头于自己的世界，无视外界的存在。

6. 喜欢背靠墙壁的人普通

同样选择靠近墙壁的座位，但喜欢背对墙壁、面对店内客人而坐的人，应该算是很普通的类型。人们会将背部贴着墙壁，是一种十分寻常的心理反应。因为背靠着墙壁，我们便不需要担心背后是否会有敌人偷袭，而又可以眼观六路、耳听八方，注意周围的动静。

对一般人来说，由于背部没有长眼睛，很难注意到有什么事情发生，因此，将背靠着墙壁，是一种能令人安心的本能反应。

当然，以上是针对单个人在某个场所时选择座位的情况分析，当众人一起进入某个场所时，人们选择座位的方式应该另当别论。

进入场所后，环顾四周，然后对其他人说："坐那里吧！"这样的人很自信、很有气场，是会直接表达内心想法的人，但也可能因为独断而让他人生厌。

带领着大家就座，却发现位子已经被其他人占领，于是，不得不重新寻找，有这样习惯的人判断力欠佳，且会做出错误判断，会经常出现小失误，不过却反而凸显个人魅力，乐于配合他人，老实的性格受人欢迎。

总是跟在大家后面等待被人安排的人通常有依赖心理，他们自己不会主动去做一件事，只是配合其他人。

第10章
细心观察，解读日常生活中的小动作

  会立即问工作人员具体情况的人，他们虽然懂得变通，但他们会以现有结果为优先，而忽视其他一些更为重要的因素，比如，其他人的喜好与氛围等心理因素，也有不考虑别人意见与想法的一面。

  生活中，我们经常会需要坐在咖啡馆、餐厅、会议室等这些地方，你喜欢坐在哪个位置呢？通过不同的位置，我们可以大致判断每个人的个性。

参考文献

[1] 邓明. 侧写师：用犯罪心理学破解微表情密码[M]. 北京：化学工业出版社，2012.

[2] 杨姗姗. FBI犯罪心理分析术[M]. 北京：中国法制出版社，2016.

[2] 文德. 微心理[M]. 北京：北京联合出版公司，2014.

[4] 盛唐. FBI犯罪心理[M]. 北京：台海出版社，2016.